社会科学系（経済・経営・法律）論文作成を学ぶ

経済情報リテラシー

コンピュータ操作の基本と情報収集から学ぶ論文作成技法

数理・データサイエンス・AI 教育プログラム認定制度（リテラシーレベル）対応テキスト

渡辺志津子　劉 博　深水浩司　著

泉文堂

は じ め に

　このテキストは，国立大学法人埼玉大学経済学部（経済・経営・法律系）の新入生が入学直後に受講する基盤科目（必修）の「経済情報リテラシー」（2022年度設置）にも採用されたテキストです。

　2015年度から必修科目であった「アカデミック・スキルズ」と「情報基礎」という二つの授業を統合し，より経済学部生として，また，大学生として学ぶ為に必要な最低限の事柄をマスターしてもらう科目用テキストです。

　高校までで「情報基礎」は身につけていることになってはおりますが，実際は，今回の授業で初めてパソコンを触ったという学生も多く，復習も兼ねて学べる内容になっています。また，『数理・データサイエンス・AI教育プログラム認定制度（リテラシーレベル）』にも一部対応しています。

　学生自身が，パソコンを使い（スマートフォンで出来ることも多くなっていますが，具体的にデータや情報を分析し卒業論文まで作成することを考えるとパソコン操作は必須です），資料検索（情報検索）等をおこない，レポートや論文を論述する際の行程と技法について，記述（解説）したものです。

　他大学の学生であっても，本文中の「埼玉大学」を自身の所属する大学名に置き換えて読むことで，多くの場合は情報検索や論述に不都合が生じないよう配慮してあります。

　一方で，本文にも述べましたが，大学ごとに契約している有料データベースは異なるため，自身の所属する大学に契約のないデータベースや画面があるなど，不都合があった場合には，最寄りの都道府県立図書館や市区町村立図書館，国立国会図書館，さらに専門図書館なども利用してみましょう。

　正しい情報探索法や論述法を熟知してしまえば，いつでも，どこでも，あなたの知の探究が滞ることはありません。本テキストを通じて，情報基礎能力や探索法，論述法をマスターしてください。

　尚，このテキストは2020年4月に発刊した『アカデミック・スキルズ　実践テキスト』を改訂・増補したものです。

2022年12月

渡辺志津子
劉　　博
深水　浩司

【巻頭付録】フローチャートでみる資料検索の流れ（各項目右上の p.□ には、該当する本書の頁数を各自で記入すること）

《1》雑誌記事・論文、新聞記事の場合

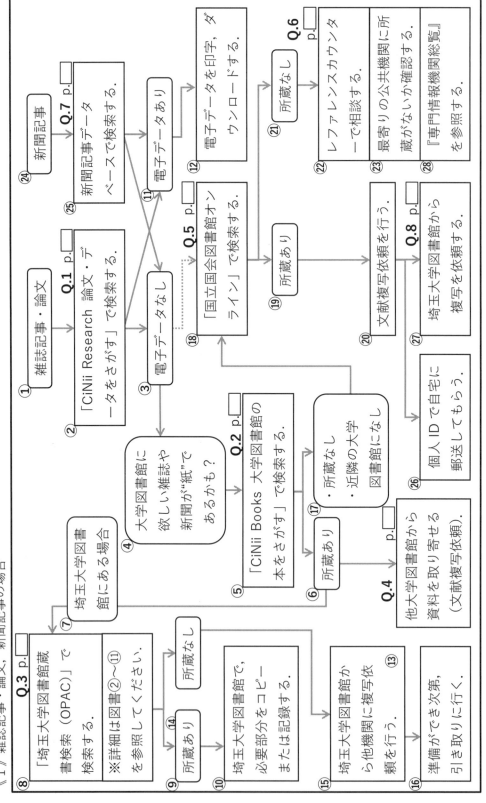

① 雑誌記事・論文

② **Q.1 p.□** 「CiNii Research 論文・データをさがす」で検索する。

③ 電子データなし

④ 大学図書館に欲しい雑誌や新聞が"紙"であるかも？

⑤ **Q.2 p.□** 「CiNii Books 大学図書館の本をさがす」で検索する。

⑥ 所蔵あり

⑦ 埼玉大学図書館にある場合

⑧ **Q.3 p.□** 「埼玉大学図書館蔵書検索（OPAC）」で検索する。※詳細は図書②〜⑪を参照してください。

⑨ 所蔵あり

⑩ 埼玉大学図書館で、必要部分をコピーまたは記録する。

⑬ 埼玉大学図書館から他機関に複写依頼を行う。

⑭ 所蔵なし

⑮ 埼玉大学図書館から他機関に複写依頼を行う。

⑯ 準備ができ次第、引き取りに行く。

⑰ ・所蔵なし ・近隣の大学図書館なし

⑱ 「国立国会図書館オンライン」で検索する。

⑪ 電子データあり

⑫ 電子データを印字、ダウンロードする。

⑲ 所蔵あり

⑳ **Q.8 p.□** 文献複写依頼を行う。

㉑ 所蔵なし

㉒ レファレンスカウンターで相談する。

㉓ 最寄りの公共機関に所蔵がないか確認する。

㉘ **Q.6 p.□** 『専門情報機関総覧』を参照する。

㉗ 埼玉大学図書館から複写を依頼する。

㉖ **Q.4 p.□** 他大学図書館から資料を取り寄せる（文献複写依頼）。

㉖ 個人IDで自宅に郵送してもらう。

㉔ 新聞記事

㉕ **Q.7 p.□** 新聞記事データベースで検索する。

Q.5 p.□

《2》 図書の場合

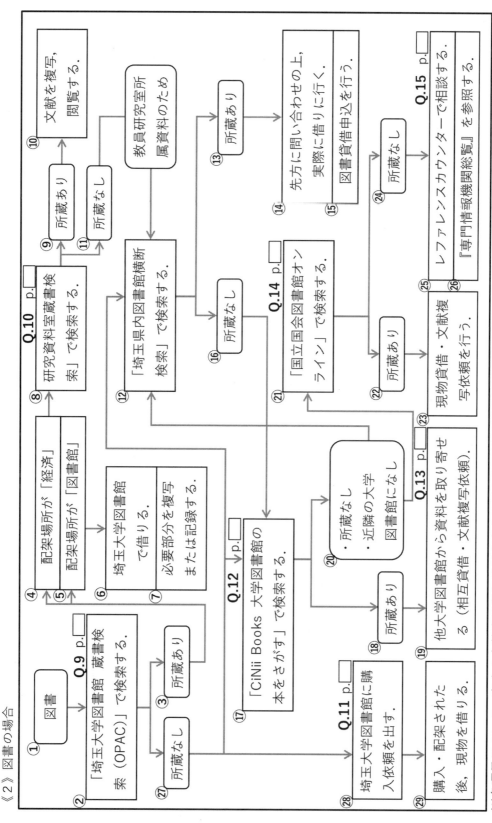

① 図書

Q.9 p.☐

② 「埼玉大学図書館 蔵書検索 (OPAC)」で検索する.

③ 所蔵あり

㉗ 所蔵なし

Q.10 p.☐

④ 配架場所が「経済」

⑤ 配架場所が「図書館」

⑥ 埼玉大学図書館で借りる.

⑦ 必要部分を複写または記録する.

⑧ 研究資料室蔵書検索」で検索する.

⑨ 所蔵あり

⑪ 所蔵なし

⑩ 文献を複写，閲覧する.

教員研究室所属資料のため

⑫ 「埼玉県内図書館横断検索」で検索する.

⑬ 所蔵あり

⑯ 所蔵なし

Q.11 p.☐

㉘ 埼玉大学図書館に購入依頼を出す.

㉙ 購入・配架された後，現物を借りる.

Q.12 p.☐

⑰ 「CiNii Books 大学図書館の本をさがす」で検索する.

⑱ 所蔵あり

⑳ ・所蔵なし
　・近隣の大学図書館になし

Q.13 p.☐

⑲ 他大学図書館から資料を取り寄せる (相互貸借・文献複写依頼).

⑭ 先方に問い合わせの上，実際に借りに行く.

⑮ 図書貸借申込を行う.

Q.14 p.☐

㉑ 「国立国会図書館オンライン」で検索する.

㉒ 所蔵あり

㉓ 現物貸借・文献複写依頼を行う.

Q.15 p.☐

㉔ 所蔵なし

㉕ レファレンスカウンターで相談する.

㉖ 「専門情報機関総覧」を参照する.

※各項目について，左上の丸数字は通し番号を表している.

目　　次

表 リ ス ト

図 リ ス ト

1章　情報基礎と電子メールの活用（担当：劉）

1.1　コンピュータと情報処理

1.1.1　コンピュータとその種類

　コンピュータとは，人間の指示に従って複雑な計算を自動的に行う機械の総称です。現在，コンピュータは企業や学校，家庭などさまざまな場面で活用されています。

　コンピュータは，その性能や形態，目的などによって，表1-1のように，個人向けのパーソナルコンピュータ（PC，パソコン），家電製品や自動車などに組み込まれるマイクロコンピュータ，交通機関や銀行などで使われる汎用コンピュータ，気象予報や宇宙開発などに使われるスーパーコンピュータなどに分類されます。

表1-1　主なコンピュータの種類と用途

主 な 種 類	概　　要	用　　途
パーソナルコンピュータ	個人や企業など，一般的な業務で使用されることが多い	インターネット閲覧，文書作成，表計算，プレゼンテーションなど
マイクロコンピュータ	家電や自動車などに組み込まれる超小型コンピュータ	炊飯器，洗濯機，エアコン，オーディオ機器，自動車など
汎用コンピュータ	企業の業務などを集中的に処理するために使用される大型コンピュータで，ネットワークで接続された複数の端末で共有される	行政分野の台帳システム，金融分野の勘定システム，交通分野の予約システムなど
スーパーコンピュータ	科学技術分野において，難易度の高い計算を行うために使用される大型かつ高速な演算能力を有するコンピュータ	宇宙科学，気候予測，地震予知，資源探査，新治療法の発見など

1.1.2　情報と情報量の単位

　情報とは，文字，図表，画像，音声，映像など，物事の状態を伝えるものです。

　コンピュータで扱う情報量の単位には，表1-2のような，「ビット」と「バイト」の2種類があります。

表1-2　情報量を表す単位

単　　位	読　み　方	情　　報　　量
B	バイト	1B＝8ビット
KB	キロバイト	1KB＝1024バイト（情報量を表すときは，2の10乗で単位を変換する）
MB	メガバイト	1MB＝1024キロバイト
GB	ギガバイト	1GB＝1024メガバイト
TB	テラバイト	1TB＝1024ギガバイト
PB	ペタバイト	1PB＝1024テラバイト

表1-3　十進法と二進法の比較

十進法	1	2	3	4	5	6	7	8	9
二進法	1	10	11	100	101	110	111	1000	1001

　ビットとは，表1-3のような，コンピュータが扱えるデータの最小単位のことです。「1ビット（1bit）」は，二進法の「0」と「1」と表現します。8ビットをまとめて「1バイト（1Byte）」で表現します。つまり，8ビット＝1バイトは，0と1の組み合わせで合計256パターン（2の8乗）の情報を表現することができます。

1.1.3　文字コードとデジタル化

　コンピュータでは，数字やアルファベット，漢字なども「0」と「1」で表現されます。文字に割り当てられた2進法のルールを「文字コード」と呼びます。半角英数字は1文字1バイトで表現できますが，中国語や日本語（全角文字）は1文字2バイトが必要です。例えば，日本語で100文字の文章を表現するのに必要なバイト数は，2バイト×100文字＝200バイトとなります。

　デジタル化とは，文字や写真，音声，動画などの「アナログデータ」を0と1に変換することで，A／D変換とも呼ばれます。データをデジタル化することで，広範囲かつ高速な加工・複製・転送が可能となり，データの劣化も防ぐことができます。

1.1.4　ハードウェア

　コンピュータは，表1-4のように，「入力」「記憶」「演算」「制御」「出力」の5つの機能をもつ装置（デバイス）で構成されています。

表1-4　コンピュータの5大装置と機能

種　類	機　能	代表的な装置
入力装置	コンピュータにデータを入力し，命令を出す	キーボード，マウス，タッチパネル，スキャナー，カメラ，マイク，バーコードリーダーなど
記憶装置	演算や制御などの処理に必要なデータや命令を格納する	主記憶装置（メインメモリ）および補助記憶装置（記憶媒体：ハードディスク，光ディスク，フラッシュメモリなど）
演算装置	コンピュータの頭脳として，入力された命令に従って計算を行う	中央演算装置（CPU：Central Processing Unit）
制御装置	プログラムを解釈し，他の装置に命令を出す	
出力装置	コンピュータの処理結果を，人間が理解しやすい形で出力する	ディスプレイ，プリンター，プロジェクター，スピーカーなど

　入力装置とは，コンピュータにコマンドやデータを与えるデバイスです。例えば，キーボード，マウス，マイク，カメラ，スキャナー，タッチパネルなどがあります。

　記憶装置とは，コンピュータが処理するために必要なデータなどを保存するデバイスです。その種

類や特徴から，主記憶装置（メインメモリ）と補助記憶装置（記憶媒体）に分類されます。記憶媒体には，ハードディスクやフラッシュメモリなどがあります。

　演算と制御を行うプロセッサは，コンピュータの頭脳ともいえる重要なデバイスで，コンピュータの中枢を担っています。CPU（中央演算装置）とも呼ばれます。

　出力装置とは，コンピュータで処理された情報を人間が分かる形で表現するデバイスのことです。例えば，ディスプレイ，プロジェクター，プリンター，スピーカーなどがあります。

1.1.5　ソフトウェア

⑴　基本ソフトウェア

　オペレーティングシステム（OS）とは，コンピュータのハードウェアやソフトウェアを管理・制御し，アプリケーションソフトウェアに動作環境（UI：ユーザーインターフェース）を提供する「基本ソフトウェア」です。現在使われているOSにはさまざまな種類がありますが，代表的なものは表1-5のとおりです。

表1-5　主なOSの種類と概要

種　　類	概　　　　　要
Windows	マイクロソフト社が1981年から開発・販売しているパーソナルコンピュータのOSで，現在，OS市場で最大のシェアを誇っている。
Mac OS	アップル社が1984年から開発・販売しているパーソナルコンピュータ「Macintosh」用のOSで，現在，OS市場ではWindowsに次ぐ第2位のシェアを持つ。
UNIX	AT&Tのベル研究所で開発されたOS。1969年に初期バージョンがリリースされ，その高い安定性から，多くの大規模システムで利用されている。
Linux	リーナス，トーバルズ（TORVALDS, Linus）によって開発され，1991年に初期バージョンがリリースされたこのOSは，高い安定性とOSS（オープンソースソフトウェア）として自由に利用できることから，スーパーコンピュータから携帯電話まで幅広い情報機器に利用されている。

　近年，スマートフォンやタブレット端末などの携帯情報機器に搭載されるOSは，モバイルOSと呼ばれています。主な例として，Google社のAndroid，Apple社のiOS，Microsoft社のWindows Mobileなどがあります。

⑵　応用ソフトウェア

　基本ソフトウェアに対して，ワープロソフトや表計算ソフトなど，特定の用途に使われるソフトウェアを「アプリケーションソフトウェア」または「応用ソフトウェア」と呼びます。一般的に，「ソフト」または「アプリ」と略されます。ビジネスで使用される代表的なものは，表1-6のとおりです。

表1-6 主な応用ソフトウェアの種類と概要

種類	概要
ワープロソフト	文書の作成，編集，印刷など，幅広い用途に利用できるソフトウェア。現在，主なものとして，マイクロソフト社の「Word」，アップル社の「Pages」，グーグル社の「Docs」などがある。
表計算ソフト	データを集計・分析するためのソフトウェア。さまざまな関数を使った計算機能，表やグラフを使った可視化機能などが充実している。現在，主なものとして，マイクロソフト社の「Excel」，アップル社の「Numbers」，グーグル社の「Spreadsheet」などがある。
プレゼンテーションソフト	テキスト，画像，音声，動画などのマルチメディア情報をスライドショー形式で表現するためのソフトウェア。現在，主にマイクロソフト社の「PowerPoint」，アップル社の「Keynote」，グーグル社の「Slides」などがある。
Webブラウザ	インターネット上のWebページなど，さまざまなデジタルコンテンツを閲覧・活用するためのソフトウェア。現在，主にマイクロソフト社の「Edge」，アップル社の「Safari」，グーグル社の「Chrome」などがある。

1.1.6 ネットワーク

ネットワーク（network）とは，「結ぶ」を意味するラテン語から由来し，人や物が相互に繋がっている状態を指します。ここでいう「ネットワーク」とは，「コンピュータネットワーク」のことで，コンピュータ同士が接続し，情報を交換するための仕組みのことです。

コンピュータネットワークは，教育やビジネスなどあらゆる場面で活用されており，情報化社会のインフラとして欠かせない存在となっています。ここでは，その代表的なものを確認します。

(1) LAN（Local Area Network）

LANとは，建物内や敷地内など狭い範囲内のコンピュータを接続するネットワークのことです。「構内通信網」とも呼ばれ，企業や家庭で広く利用されています。

LANの接続方法には2種類あります。ケーブルを使う「有線LAN」と，電波を使う「無線LAN」です。学校やレストランで使われている「Wi-Fi」も無線LANの一種です。

(2) WAN（Wide Area Network）

WANとは，地理的に離れたLAN同士を接続するネットワークのことです。「広域通信網」とも呼ばれます。WANの接続には，通信事業者が提供する回線網（電波塔，海底ケーブル，衛星通信など）を利用する必要があります。

1.1.7 インターネット

インターネットとは，世界中のコンピュータや情報機器をつなぐネットワークです。具体的には，組織，企業，家庭内のLAN，WAN，コンピュータなどがグローバルに相互接続されている状態を指します。

現在，インターネットは私たちの生活や仕事の様々な場面で活用され，なくてはならない社会インフラとなっています。ここでは，その基本的な技術について確認します。

(1)　IPアドレス（Internet Protocol Address）

　IPアドレスとは，ネットワークに接続されたコンピュータなどの情報機器に割り当てられる識別番号のことです。ネットワーク上の「住所」に相当し，それぞれ「123.456.789.12」のような重複しない番号が割り当てられています。

(2)　DNS（Domain Name System）

　人間がIPアドレスを扱いやすくするために，表1-7のような，IPアドレスに特定の名前を割り当てたものを「ドメイン名」といいます。このIPアドレスとドメイン名の対応を管理する仕組みを「DNS」と呼びます。例えばDNSでは，IPアドレス「123.456.789.12」をドメイン名「example.co.jp」に対応させ，利便性を高めることができます。この例の「.jp」はトップレベルドメインと呼ばれ，国別のドメインという意味です。「.co」はセカンドレベルドメインと呼ばれ，組織固有のドメインを意味します。

表1-7　トップレベルドメインの例

分野別トップレベルドメインの例		国別トップレベルドメインの例	
.com	商業組織用（誰でも登録可）	.jp	日本（在住者のみ登録可）
.net	ネットワーク用（誰でも登録可）	.cn	中国（在住者のみ登録可）
.org	非営利組織用（誰でも登録可）	.us	米国（在住者のみ登録可）

(3)　WWW（World Wide Web）

　インターネット上で提供されている主なサービスのひとつにWorld Wide Webがあります。ウェブ（Web）とも呼ばれることが多いです。

　Webとは，インターネット上でテキスト，画像，音声，映像などのコンテンツを公開し，利用するための仕組みのことです。私たちが普段見ているWebページ（通称「ホームページ」）は，この技術を使って作られています。個々のWebページはハイパーリンクでつながっており，全体として「Webサイト」と呼ばれます。また，Webサイトを閲覧・活用するためのアプリケーションを「Webブラウザ」と呼びます。

1.1.8　電子メールによるコミュニケーション

　電子メール（eメール）は，インターネットを利用して，特定の相手にメッセージを送ったり，自分宛てのメッセージを受信したりするサービスです。現在，学校や企業など，あらゆる組織で欠かすことのできないコミュニケーションツールとなっています。

　電子メールの宛先は「メールアドレス」と呼ばれます。例えば，「username@example.co.jp」は，「@（アットマーク）」の左側にユーザー名「username」，右側にドメイン名「example.co.jp」で構成されています。図1.1は，マイクロソフト社の電子メールサービス「Outlook」のインターフェースと基本的な操作方法を示したものです。

図1.1 Outlookの電子メールサービスの画面

① ［新規メッセージ］を選択すると，電子メールの作成が開始されます。
② ［To」「CC」「BCC」に受信者（宛先）のメールアドレスを入力します。
③ ［件名］には，メールのタイトルを入力します。
④ ［メッセージ］には，メールの本文を入力します。
⑤ ［送信］をクリックすると，メールが送信されます。

(1) 電子メールの作成要領

電子メールでは，宛先の名前と送信者の名前の直後に重要な用件を書くのが基本です。社外メールの場合は，宛先と送信者名の間に適切な挨拶文を入れる必要があります。

電子メールの件名は，明確かつ具体的にし，依頼内容，日時，添付書類などのキーワードを記載すると分かりやすいです。

また，1通のメールには1つの要件に絞り，重要なメールや緊急に通知する必要があるメールには，件名の最初に「重要」「緊急」などの言葉を入れておくとよいでしょう。

(2) 同報メール

電子メールを利用する上で，同報メールの正しい使い方を学ぶことは非常に重要です。同報メールとは，同じ内容のメールを複数の宛先に送信することです。宛先の種類は，表1-8のように使い分けます。

表1-8 同報メールの宛先

受信者指定の種類	概　　要
To（宛先）	受信者のメールアドレスを指定します。このメールアドレスは，すべての受信者に表示されます。
CC（非匿名同報）	関係者など，メッセージを参照してほしい相手を指定します。メールアドレスは受信者全員に表示されます。
BCC（匿名同報）	他の受信者に知られずにメッセージを参照してほしい相手を指定します。他の受信者には，メールアドレスが表示されません。

(3)　電子メールの作成例

　これまでに学習した内容をもとに，会議資料の事前送付に関するメールを作成する事例を取り上げます。表1-9の例では，メールの送信者，宛先の指定方法，件名と本文の書き方を確認してください。

表1-9　電子メールの作成例

From（送信者）	tanaka@example.co.jp
To（宛先）	abc@example.co.jp，def@example.co.jp
CC（非匿名同報）	123@example.co.jp
BCC（匿名同報）	456@example.co.jp
件名	明日の会議について（田中）
本文	関係者各位 お疲れ様です。田中です。 明日の会議はどうぞよろしくお願いいたします。 事前に会議資料を共有させていただきます。 内容をご確認いただき，お気づきの点がありましたら， ご指摘いただければ幸いです。 お忙しいところ恐縮ですが， ご協力のほどよろしくお願いいたします。 田中

1.1.9　情報倫理と情報セキュリティ

　情報倫理とは，情報社会で守るべき情報モラルやマナーのことです。特に，インターネットは強い匿名性などから，倫理的な問題が発生しやすい場所でもあります。以下の点に注意してください。

　①　機密情報が含まれる電子文書や電子メールを暗号化する
　②　大容量のデータを送信する場合は，安全なクラウドサービスを利用する
　③　チェーンレターを送らない
　④　他人を誹謗中傷しない　など

(1)　情報資産と三大脅威

　情報資産とは，コンピュータのハードウェア，ソフトウェア，データなど，保護すべき有形・無形の価値ある資産のことです。代表的なものとして，パソコン，ネットワーク機器，個人情報，顧客情報，知的財産権関連情報などがあります。

　コンピュータやインターネットを安全に利用するためには，さまざまなリスクを理解し，情報資産を保護するための適切な対策を講じる必要があります。具体的には，表1-10のように，データの消失や誤操作などの「人的脅威」，コンピュータウイルスやスパイウェアなどの「技術的脅威」，自然災害や戦争などの「物理的脅威」の3つに対して，情報セキュリティ対策は必須となります。

表1-10　情報資産の三大脅威

種　　　類	概　　　要
物理的脅威	火災，水害，地震などの災害による情報資産の破損の恐れ（例：コンピュータやデータの破損）
技術的脅威	技術的手段による脅威（例：コンピュータウイルスの感染など）
人 的 脅 威	人為的な原因による脅威（誤転送，パスワードの紛失など）

⑵　情報セキュリティ対策

　情報セキュリティ対策とは，情報資産に対するさまざまな脅威に対して，表1-11のように，機密性（アクセス制御など），完全性（改ざん防止など），可用性（サービスの継続提供など）を確保することです。この３つは，情報セキュリティ対策の三大要素とも呼ばれます。

表1-11　情報セキュリティの三大要素

種　　　類	概　　　要
物理的セキュリティ対策	情報資産を物理的な脅威から守り，建物・設備の破損や盗難などを防ぐための対策（入退室管理，盗難防止，耐震・耐火対策など）
技術的セキュリティ対策	技術的な脅威から情報資産を守り，マルウェアなどによるサイバー攻撃を防ぐための対策（セキュリティソフトやファイアウォールの導入，ID・パスワードの管理など）
人的セキュリティ対策	人的な脅威から情報資産を守り，人の過失や不正による被害を防止するための対策（情報セキュリティ教育や監査，役割分担によるアクセス制御など）

1.2　練習問題

1.2.1　計算問題

　半角英数字８桁で学生番号を表すコードをコンピュータ上で作成することになりました。学生の総数は15,000人である。学生番号を格納するために必要な最小の情報量は何キロバイトですか。

解答のヒント：８バイト×15,000名

1.2.2　実技問題：電子メールの作成と送信

　各自に会社説明会への参加を申し込むためのメールを作成し，株式会社○○商事人事部の田中様宛（tanaka@example.co.jp）に送信することになりました。次の文面を参考に，Outlookの使い方を練習してください。

> 本日，会社案内を頂戴いたしました。
> お忙しい中，早々にお送りいただき，誠にありがとうございました。
> さっそく拝読し，ぜひとも入社させていただきたいという思いをいっそう強くいたしました。
> つきましては，11月10日午後14時からの会社説明会に参加させていただきたく，ここに申込みいたします。
> 何卒よろしくお願いいたします。

1.2.3　記述問題：情報セキュリティ対策

　Webニュースを検索して，情報セキュリティ関連の出来事を1つ挙げ，それが情報セキュリティ対策の3大要素のどれに関連するのかと，その理由を述べてください（ニュースの出典を明記すること）。

メモ欄

2章　埼玉大学の施設案内（担当：渡辺）

2.1　埼玉大学図書館を利用する

URL：http://www.lib.saitama-u.ac.jp/（参照日2022年11月21日）

　後述の5章で論じるCiNiiを利用して論文や図書の検索をしたら，実際にそれらの資料を入手します。論文やレポートの執筆のための文献を得る方法は複数ありますが，もっとも一般的なのは，図書館を利用することです。ここでは，埼玉大学図書館を利用して必要な資料を得るための方法を学びましょう。

　なお，埼玉大学図書館には自習室やグループ学習室が設けられていますので，単に資料収集のために利用するだけでなく，様々なサービスを積極的に活用しましょう。また，目的をもたずに利用するのも，おすすめです。自分の興味を引くような資料に偶然めぐりあうことがあるからです。こうした出会いがあるのも図書館の魅力です。

2.1.1　図書館のOPACでほしい資料を見つける

　図書館を利用する際は，目的の資料が所蔵されているか，所蔵されている場合には館内のどこに所蔵されているのかを事前に調べるのが一般的です。図書館の多くは，所蔵状況をまとめた目録をインターネット上で公開しており，資料検索を容易に行うことができます。この蔵書目録検索のシステムをOPAC（オーパック；Online Public Access Catalog）といいます（図2.1）。

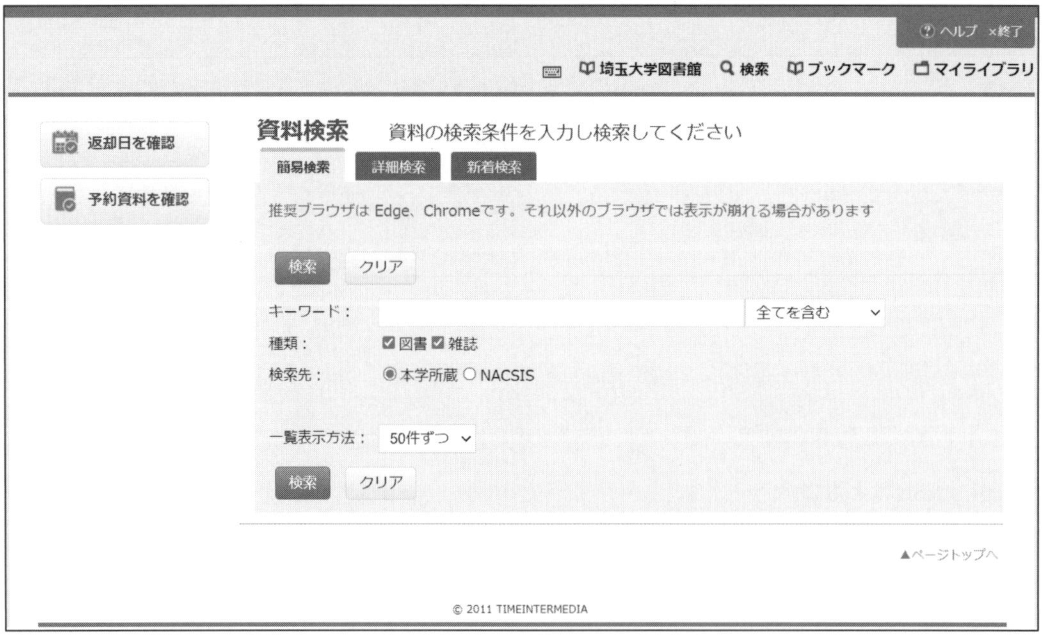

図2.1　OPACの例（埼玉大学図書館）
出典：URL：https://opac.lib.saitama-u.ac.jp/Main/Search（参照日2022年11月21日）

　OPACで検索する際は，探している資料の名称を入れて検索することもできますが，図書の場合に

は，ISBN（International Standard Book Number；国際標準図書番号），雑誌などの逐次刊行物の場合には，ISSN（International Standard Serial Number；国際標準逐次刊行物番号）による検索も可能です。また，「行動経済学」のようにキーワードから関連する資料を一括して検索することもできます。詳細検索を活用することで，検索結果を絞り込むこともできます。OPACはそれぞれの図書館ごとにシステムが異なるので，マニュアルやヘルプページを参照しながら，必要な資料を検索します。

2.1.2　ISBNとISSN

図書や，雑誌や新聞などの逐次刊行物には，その資料を特定するために固有のコードが割り当てられています。そのコードのうち，図書に付されるコードをISBNといい，雑誌などの逐次刊行物に付されるコードをISSNといいます。

ISBNは図書の裏表紙に印字されています（図2.2 □□□ 部分）。「978」から始まる13ケタ（新規格）と「978」以降の10ケタ（旧規格）の２通りの表し方があり，どちらでも情報検索が可能です。

ISSNは逐次刊行物の表紙や背表紙などに記載されています。ISSNは８ケタのコードですが，逐次刊行物のタイトルにつき１コードしか割り当てられていないため，巻号数の特定まではできません。例えば，埼玉大学経済学会が発行している『社会科学論集』のISSNは「0559-7056」ですが，このコードは154号であっても155号であっても同一の「0559-7056」です。

図2.2　ISBNの例
出典：田中恭子（2017）『グローバリゼーションの地理学』時潮社

ISBN，ISSNはともに，図書館のOPACや国立国会図書館オンラインでの資料検索の際に活用できる情報になります。また，図書貸借依頼や複写依頼，レファレンス・サービスを利用する際にも，資料を特定するうえで必要な情報の一つとなります。

2.1.3　図書館の所蔵場所を確認する

図2.3は，埼玉大学図書館のOPACで『文化人類学』という雑誌を検索した際に表示された書誌情報です。この資料に関する様々な情報が掲載されていますが，ここで最初に確認すべきは「所蔵情

報」です。自分が探している資料があるかどうか，「所蔵巻号」まで必ずチェックします。所蔵が確認できたら，「所在」と「請求記号」を確認します。ここでは「図書館（雑誌－和）」と表示されています。この部分をクリックすると，図2.4のような配架場所の情報が表示されます（ここでは備考欄に「新着雑誌コーナー」とあり，最新号のみ「新着雑誌コーナー」に配架されていることを示しています）。

　配架場所が確認できたら，実際に図書館に出向いて現物を入手します。ただし，配架場所がわかっても，その配架場所のどの書架に目的の資料があるかがわからなければ，資料にたどり着くことはできません。そこで必要になるのが「請求記号」（図2.5）です。図書の場合は，背の部分に請求記号のラベルが貼られており，その記号順に整理されていますから，この情報をもとに図書を探します。一方，雑誌等の場合には，タイトルのアルファベット順に並べてあることが一般的です。ただし，アルファベットは「訓令式ローマ字」（表2-1　訓令式ローマ字表（第1表））を採用しており，一部でヘボン式ローマ字と表記が異なるため注意します。

図2.3　OPAC検索結果と書誌情報

図2.4　配架場所

図2.3　出典：URL：https://babelsaitamafile.blob.core.windows.net/map/p 032000.html（参照日2022年11月21日）
図2.4　出典：URL：https://opac.lib.saitama-u.ac.jp/Main/Magazine?book_id=MG 012795＆q＝4＆qt＝1＆qp＝0＆qv＝10＆qs=sort_year＆qd＝1＆qn＝4（参照日2022年11月21日）

図2.5　請求記号の例とラベル

出典：トゥラビアン, ケイト　L.；沼口隆, 沼口
好雄訳（2012）『シカゴ・スタイル　研究執筆
論文マニュアル』慶應義塾大学出版会

表2-1　訓令式ローマ字表（第1表）

第1表　〔（ ）は重出を示す〕							
a	i	u	e	o			
ka	ki	ku	ke	ko	kya	kyu	kyo
sa	si	su	se	so	sya	syu	syo
ta	ti	tu	te	to	tya	tyu	tyo
na	ni	nu	ne	no	nya	nyu	nyo
ha	hi	hu	he	ho	hya	hyu	hyo
ma	mi	mu	me	mo	mya	myu	myo
ya	(i)	yu	(e)	yo			
ra	ri	ru	re	ro	rya	ryu	ryo
wa	(i)	(u)	(e)	(o)			
ga	gi	gu	ge	go	gya	gyu	gyo
za	zi	zu	ze	zo	zya	zyu	zyo
da	(zi)	(zu)	de	do	(zya)	(zyu)	(zyo)
ba	bi	bu	be	bo	bya	byu	byo
pa	pi	pu	pe	po	pya	pyu	pyo

出典：新村出版（2018）『広辞苑第七版　付録』岩波
書店，p.84

図書の場合には貸出手続きを経て借りること
ができますが，禁帯出の図書や雑誌の場合は，
内容を筆記記録するか，コピー機で複写をしま
す。最近では，スマートフォンなどのカメラで
資料を撮影する人がいますが，これは著作権法
に抵触する場合がありますから厳に謹んでくだ
さい。また，最新号の逐次刊行物はコピーが禁
止されています。

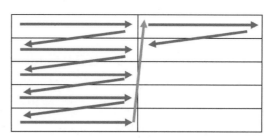

図2.6　書架の配架順（Z字型）

　ここで，図書館の資料の配架順について触れておきます。図書館の書架は，左上から右下に向かっ
て「Z字型」に配架されています（図2.6）。このルールを原則として，「請求記号順」に配架されます。

2.1.4　マイライブラリを利用する

　埼玉大学図書館にはマイライブラリという仕組みがあり（図2.7），全学統一認証アカウントでログ
インします。マイライブラリでは，貸出中の図書の予約や，ILL（Interlibrary Loan；図書館間相互
貸借）依頼などが行えるほか，図書の貸出期間延長申請もできます。過去に貸出した図書の一覧を確
認したり，依頼に関するメッセージなどを確認したりすることもできます。

図2.7 埼玉大学図書館マイライブラリ（ログインが必要）
出典：URL：https://opac.lib.saitama-u.ac.jp/Main/Portal（参照日2022年11月21日）

2.1.5 レファレンス・サービスや学生による購入希望図書申込を活用する

　図書館には，「レファレンス・サービス」があり，図書館の利用に関する質問のほか，文献調査の方法に関する相談も受け付けています。例えば，他の大学図書館にある資料を利用したい場合や，文献貸借・複写依頼などもレファレンス・サービスを利用して手続きを行えます。また，大学図書館で利用できるデータベースや各種サービスについても案内をしてもらえますので，図書館利用全般で疑問点や質問があれば積極的に利用しましょう。埼玉大学図書館では，入館ゲートを入って左手奥にレファレンス・カウンターが設けられています。

　埼玉大学図書館では，学修や研究に必要な図書が図書館に所蔵されていなかった場合に，学生から図書の購入希望を受け付けています。埼玉大学図書館では，「購入希望図書申込」を2通りの方法で受け付けています。埼玉大学図書館ホームページから，申込票のExcelファイルをダウンロードして必要事項を記入しメールで申し込む方法と（図2.8，図2.9），直接図書館に出向き，申込票を記入して提出する方法とがあります。なお，希望を出す図書が埼玉大学図書館に所蔵されていないことを，事前にOPACで確認してください。

　公共図書館でも同様のリクエストを受け付けていることがあります。自身の学修や研究に必要な図書で，かつ広く利用に供されたほうがよいと思われる図書は積極的にリクエストを出しましょう。

　さらに詳しい利用法については，オリエンテーションの配付資料やホームページを参照してください。

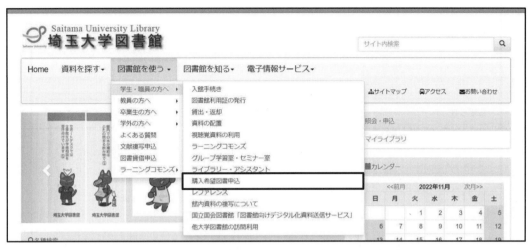

図2.8　購入希望図書申込ページの所在（埼玉大学図書館）
出典：URL：http://www.lib.saitama-u.ac.jp/（参照日2022年11月21日）

購入希望図書申込

- 学習や研究に必要な図書が図書館に所蔵されていなかった場合、購入を申し込むことができます。大学図書館の蔵書としてふさわしい、多くの学生が利用できると思われる図書を推薦してください。
- 本学に所蔵がない図書は、他機関図書館から借り受けることもできます（県内図書館の場合基本的に無料です）。詳細は「図書貸借申込」をご覧ください。特に、本学での継続的な利用が見込めない図書（学生個人の卒業研究のための参考資料等）については、借受利用を優先的にご検討ください。
- 「図書購入希望申込票（EXCEL版|PDF版）」(←図書館にも用意してあります。)に必要事項を記入して図書館カウンターに提出するか、libs@gr.saitama-u.ac.jp宛にE-mailでお送りください。E-mailでお申し込みの際は、大学で付与しているアドレス(~.saitama-u.ac.jpを含む)から送付するようにしてください。
- 申し込む前には、本学に所蔵が無いことをＯＰＡＣで確認してください。
- できるだけ多くの学生のリクエストに応えるため、原則として１人当たり１年間に１０冊以内、５万円以内とさせていただきます。
- 但し、購入希望者以外の利用が見込めない個人の卒業研究のための図書、娯楽小説、問題集のような書き込みができる図書、特定の宗教に偏った図書、学生用図書としてふさわしくない図書、定期的に刊行している出版物（雑誌、年鑑、白書など）は購入できません。
- 利用できるようになりましたら、申込書の連絡方法(掲示・電話・E-mail)のカッコ内に○印のある方法で連絡をします。
- カウンターでの取り置き期間は原則として1週間です。取り置き期間を過ぎますと閲覧室に配架しますので、お早めにカウンターまでお越しください。

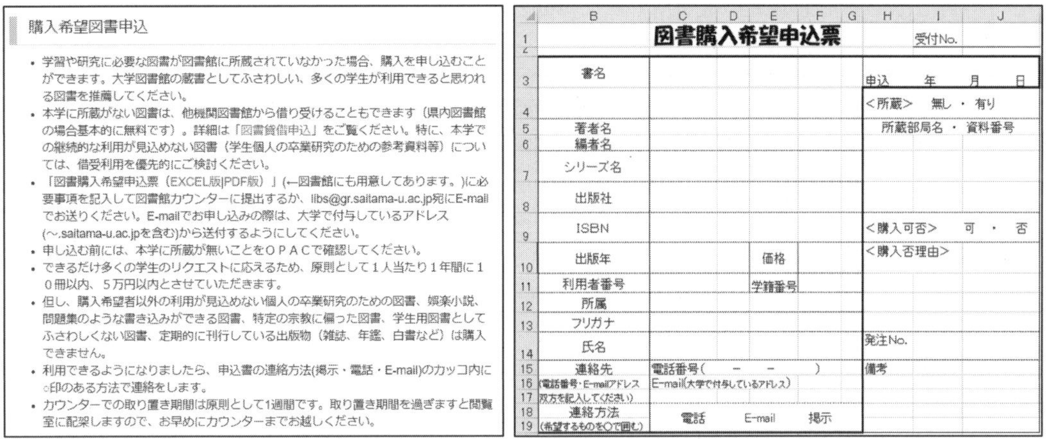

図2.9　購入希望図書申込と図書購入希望申込書（埼玉大学図書館ホームページ）
出典：http://www.lib.saitama-u.ac.jp/?page_id=73（参照日2022年11月21日）

2.2　経済学部研究資料室を利用する

URL：http://www.eco.saitama-u.ac.jp/archives/index（参照日2022年11月21日）

埼玉大学経済学部には，経済経営系・法律系の文献・資料の蔵書に特化した「経済学部研究資料室」（以下，研究資料室と表記）があります。経済学部研究棟１Ｆに位置する研究資料室には，経済経営系や法律系の専門雑誌（英語等の文献を含む）や大学紀要のほか，会社史，白書・統計・年鑑が豊富に所蔵されています。これらは埼玉大学図書館に所蔵のないものが中心であるため，経済経営系・法律系の各種資料が必要な場合は，研究資料室もあわせて利用します。

研究資料室にも所蔵資料を検索できるシステムがあります。インターネットの検索エンジンで「研

図2.10　埼玉大学経済学部研究資料室ホームページ
出典：URL：http://www.eco.saitama-u.ac.jp/archives/index（参照日2022年11月21日）

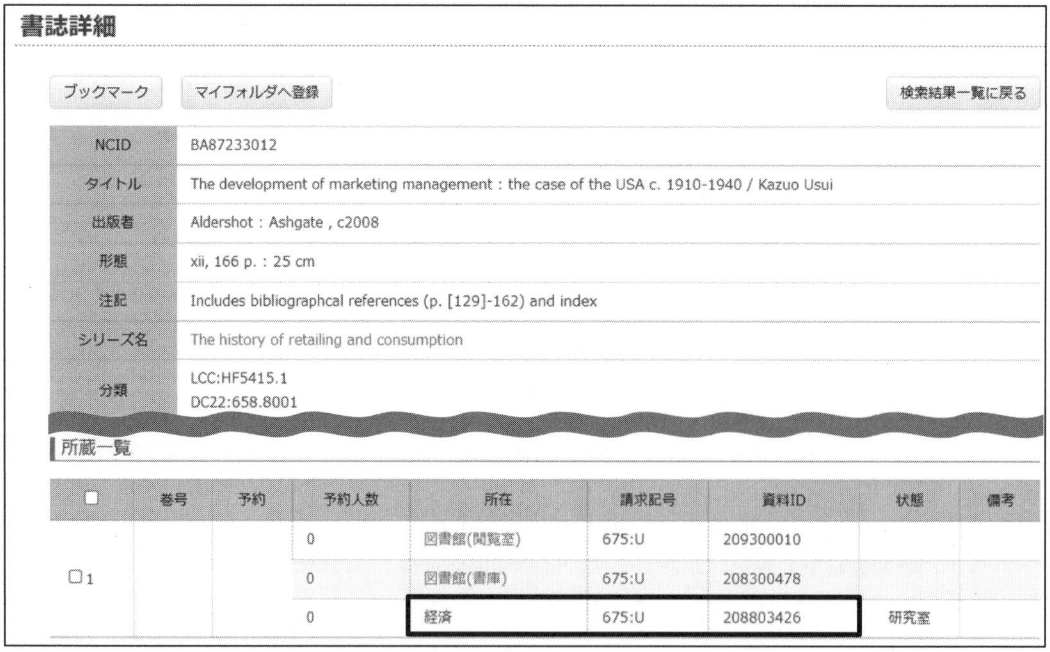

図2.11　埼玉大学図書館OPACの検索結果で所在に「経済」と表示される例（図書）
出典：URL：https://opac.lib.saitama-u.ac.jp/Main/Magazine?book_id=MG 002632&q=7&qt=1&qp=0&qv= 50&qs=sort_title&qd=0（参照日2022年11月21日）

究資料室」と検索すると，検索結果のトップに「研究資料室｜埼玉大学経済学部」というホームページがヒットします（図2.10）。ホームページ内の「研究資料室蔵書検索」から検索を行います。

　また，埼玉大学図書館のOPACで資料を検索する際，検索結果の所在に「経済」と表記がある場合（図2.11，図2.12），当該資料が研究資料室に所蔵されていることがあります。その場合には，「研究資料室蔵書検索」を利用し，所蔵状況を確認してください。なお，所在に「経済」と表記があっても，資料室に所蔵がない場合もあります。この場合は，経済学部の教員の研究室に資料が所属していることを意味しています。その際には，近隣の図書館や国立国会図書館に所蔵がないか検索して利用してみましょう。

図2.12　埼玉大学図書館OPACの検索結果で所在に「経済」と表示される例（雑誌）
出典：URL：https://opac.lib.saitama-u.ac.jp/Main/Magazine?book_id=MG 002632 & q＝7 & qt＝1 & qp＝0 & qv＝50 & qs＝sort_title & qd＝0 （参照日2022年11月21日）

2.3 教養学部資料センターを利用する

URL：http://arts.kyy.saitama-u.ac.jp/outline/tebiki.html（参照日2022年11月21日）

埼玉大学では，教養学部に「教養学部資料センター」が開設されています。教養学部が教育・研究する諸分野（国内外の文化や宗教，文学，歴史，哲学など）に関連する資料や辞典類を所蔵しています。

OPACでの検索結果の所在に「教養」と表記がある場合は，「教養学部資料センター」に所蔵がある可能性があります（図2.13）。教養学部資料センターには独自の蔵書検索システムがないので，埼玉大学図書館のOPACで蔵書を確認し，実際に出向いて現物を確認します。

なお，図2.14のように所蔵情報において，状態が「研究室」と表記がある場合には，教養学部の教員の研究室に資料が所属していることがあります。まずは資料センターに所蔵がないか直接出向いて確認し，万一所蔵がない場合には，近隣の図書館や国立国会図書館に所蔵がないか検索して利用してください。

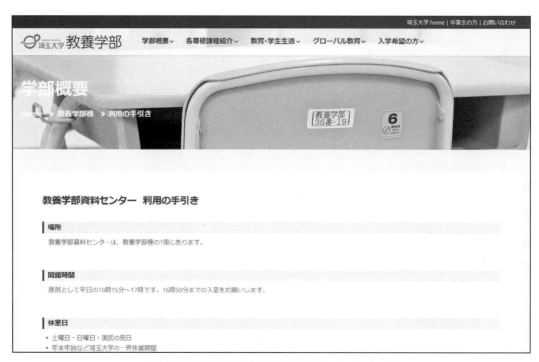

図2.13　埼玉大学教養学部資料センターホームページ

出典：URL：http://arts.kyy.saitama-u.ac.jp/outline/tebiki.html（参照日2022年11月21日）

	巻号	予約	予約人数	所在	請求記号	資料ID	状態	備考
□1			0	教養（教養学部棟）	709:B	211800174	研究室	

所蔵一覧

図2.14　埼玉大学図書館OPACの検索結果で所在に「教養」と表示される例

出典：URL：https://opac.lib.saitama-u.ac.jp/Main/Book?book_id=TS00235142&q=17&qt=0&qp=0&qv=50&qs=sort_title&qd=0（参照日2022年11月21日）

2.4　（補足）メジャー選択からゼミナール志望まで

　埼玉大学経済学部では，１年次の９月に，メジャー配属が行われます。自身が学びたい領域にあわせて４つのメジャーから１つを選択します。ここでは，メジャー配属後の10月以降に行われる演習（ゼミナール）の志望を見据えて，簡易的に４つのメジャーについて説明しておきます（表2-2　埼玉大学経済学部の４つのメジャーとその特徴）。講義と並行してメジャー配属が行われますので，参考にしてください。

●　４つのメジャーとその特w徴

表2-2　埼玉大学経済学部の４つのメジャーとその特徴

メジャー	内　　容
経済分析	経済学の基礎理論を踏まえつつ，日本や世界が抱える様々な経済問題を歴史的・国際的な視野から考え，自ら解を模索する人材の育成を目的とする。
国際ビジネスと社会発展	経済・経営・社会の発展をグローバルな視点から理解し，グローバル経済とグローバルビジネスが直面する諸問題を自ら考える人材の育成を目的とする。
経営イノベーション	管理・戦略的視点，財務的視点，倫理的視点を基礎に，企業や組織のイノベーティブな活動にかかわる諸問題を創造的に考える人材の育成を目的とする。
法と公共政策	法に特徴的な思考力とリーガルマインドの育成を基礎とし，経済・ビジネスにかかわる法的諸問題や公共部門が担う政策問題について，自ら問題を立て，解決する人材の育成を目的とする。

出典：「国立大学法人埼玉大学経済学部規程」〈http://www.saitama-u.ac.jp/houki/houki-n/reg-n/3-1-02.pdf〉（参照日2022年11月21日）

●　４つのメジャーを詳しく知るには

　上表だけでは，それぞれのメジャーがどのような領域を扱うのかが曖昧でしょう。その際に参考にしてもらいたいのが，埼玉大学経済学会が発行する『社会科学論集』です。とりわけ，年度初めに発行される特集寄稿「社会科学への招待」では，それぞれのメジャーを担当する教員による，当該メジャーについての平易な解説を加えた寄稿を掲載しています。それぞれのメジャーがどのような領域を扱っているかを端的に把握するのに最適です。

●　ゼミへの所属を見据えて

　メジャーへの配属が決まると，２年次からスタートする演習（ゼミナール）への所属を決定します。自身が研究したいテーマを深めることのできるゼミを選択する必要があります。それぞれのゼミナールの詳細や募集状況については，別途配付される『演習概要』を参照してください。また，入学後に配付されている『経済学部学習の手引き』の巻末にも，それぞれの教員の専門領域や研究テーマが掲載されていますので，ゼミ選択の参考にしてください。このほか，埼玉大学研究者総覧にもそれぞれの教員のプロフィールや専門領域，研究テーマが掲載されていますから，あわせて参照してみましょう。

3章　アカデミック・スキルズの基本（担当：渡辺）

3.1　論証型のレポート・論文とは

レポートや論文を書く際にもっとも基本となる項目について，表3-1　論証型レポート・論文の基本的な構成を見ながら確認しましょう。

本書が扱う「論証型レポート」では，まずテーマと，テーマを論じるための論点を明確に定めることが重要となります（序論）。これらが定まったら，参考文献やデータを探し，それらを利用しながら自分が論じたい内容について論証を進めていきます（本論）。そして，最終的な論証の到達点として，論じてきた内容をまとめ，結論付けを行います（結論）。

表3-1　論証型レポート・論文の基本的な構成

プロセス	内　　容	パ　ー　ト
問題意識の所在	❶ 「テーマ」と「論点」を示す ＊　どのようなテーマを扱うか ＊　どのような視点でテーマを捉えるか	序論
アプローチ	❷ 文献やデータを用いながら論証 ＊　先行研究をリサーチ ＊　事実・歴史・問題などを調査・引用・整理 ＊　対立する事象との比較，反対意見の反証 ＊　論点に沿って分析し，自分なりに評価	本論
到達点の設定	❸ これまでの内容を総括し，結論付け ＊　どのようなことがわかったか ＊　どのようなことが結論付けられるか ＊　今後の展望やさらなる課題は何か	結論

まず，自分の中にどのような問題意識（学問的な興味・関心があることがら，実社会で生じている問題や課題だと考えることがらなど）があるのかを手がかりにテーマを考えます。

例えば，「イギリスのEU離脱」に学問的な興味がある場合，まず大枠のテーマとして「イギリスのEU離脱」を置きます。その上で，このテーマをより具体的なものにフォーカスしながら論点を整理します。

テーマを具体的にするポイントは，テーマに含まれる対象について，特定の企業や地域（市場），時代，条件などに限定して絞り込むことです。テーマの「何に」，「どのように」フォーカスするのかを，よく考えることが重要です。ここで，ある学生が付けたレポートのタイトルを例に挙げてみましょう。

> 例　イギリスのEU離脱選択が日本企業に与える経済的影響—みずほ銀行から分析する

この学生が付けたタイトルは，まず，「イギリスのEU離脱」という現象が大きなテーマとして挙げられています。そして，「イギリスのEU離脱」を具体的に絞り込む内容として，「日本企業に与える経済的な影響」にフォーカスしています。ここで注目すべきは，企業の対象を"日本"企業に，影響の対象を"経済的な"影響にそれぞれ限定しているところです。なぜなら，単に「企業」や「影

響」にとどめてしまうと，例えば，外国企業や多国籍企業が含まれたり，社会的影響や政治的影響が含まれたりするように，扱う範囲が広くなるからです。扱う範囲が広すぎてしまうと，論点が立てにくく曖昧になるため注意が必要です。加えて，このタイトル設定が優れているのは，日本企業をさらに具体的な企業（ここでは，みずほ銀行）に絞り込んでいるところです。

　以上の点を整理すると，テーマとタイトルの設定に際しては，表3-2と図3.1のようなことがいえます。

表3-2　テーマから具体性をもったタイトルを設定するための手順

1　まず，大枠のテーマを挙げる。
2　1で挙げた大枠のテーマに，When・Where・Whoなど，トピックを具体化するためのクエスチョン（5W1H）を投げかけて答えを書き出す。
3　1と2で具体化されたテーマを論じる論点として，「どのような」状況なのか，あるいは「なぜなのか」という理由などの観点でクエスチョンを投げかける。これが論点に直結する。
4　上記を順に並べると具体性をもったタイトルが設定できる。

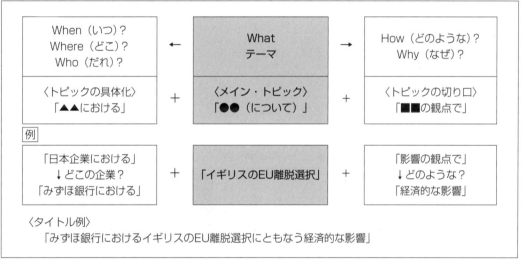

図3.1　「5W1H」を意識したタイトル設定の方法とその一例

注意　トピックの具体化（▲▲部分）やトピックの切り口（■■部分）の時点で，メイントピック（●●部分）と同程度の抽象的なキーワードしか並んでいない場合には，具体的な▲▲や■■が挙がるまでクエスチョンを投げかけて問い直します。
　例　▲▲が，単に「企業」となっていた場合，どの国，地域，時代の企業かを具体的に問い直します。■■が，単に「影響」となっていた場合，どのような影響かを具体的に問い直します。

参考　テーマを「みずほ銀行」に据えた場合も同様の作業でタイトルを設定できます。
　例　イギリスの/EU離脱選択にともなう/みずほ銀行への/経済的影響

　ただし，テーマやタイトルは執筆の途中で変更になることもあります。変更する場合であっても，本文との整合性を考慮し，本文の要旨を端的にあらわすタイトルとなるように適宜修正を加えます。

3.2　レポートの構想

　論文やレポートは通常，決められたテーマに対して論理を組み立てて記述していきます。論理の一貫した文章を書き上げるためには，まず，テーマと構成を丁寧に構想することが重要です。やみくもに書き始めてしまうと，途中で論点がずれたり，結論や本文との整合性が失われてしまったりして，論理的な説得力を欠いた文章になってしまいます。ここでは，図3.2を用いて説明します。

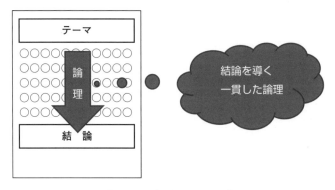

図3.2　レポートのイメージ

　ここで，図3.3のように標準的な論証型レポート（2,000字程度）の構成を紹介します。分量も示しました。

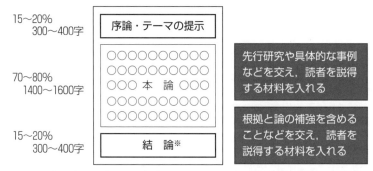

※　この他にも，調査したことをまとめるタイプの「報告型レポート」もありますが，ここでは割愛します。

図3.3　レポートの構成と分量

3.3　論証型レポート作成のプロセス

　論証型レポートを作成するといっても，まず何から手を付けてよいかわからない人が大半でしょう。作成に慣れていないうちは当然です。まず，論証型レポートがどのような手順を追って作成されていくのかを概観しましょう。それぞれのプロセスに対応する本書の章番号も示してあります（図3.4参照）。

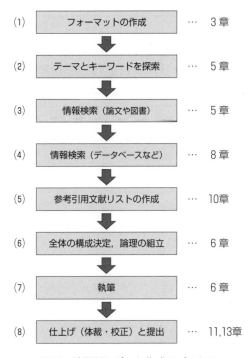

(1)	フォーマットの作成	… 3章
(2)	テーマとキーワードを探索	… 5章
(3)	情報検索（論文や図書）	… 5章
(4)	情報検索（データベースなど）	… 8章
(5)	参考引用文献リストの作成	… 10章
(6)	全体の構成決定，論理の組立	… 6章
(7)	執筆	… 6章
(8)	仕上げ（体裁・校正）と提出	… 11,13章

図3.4　論証型レポート作成のプロセス

　本書では，レポートや論文の執筆を上記のおよそ8つのプロセスに分けて解説していきます。

　フォーマットの作成を起点にして，テーマの決定と論述のための参考・引用文献やデータの収集，論理構成から提出までを一貫して扱います。これに沿ってレポートや論文を執筆します。執筆に慣れてくるとスムーズに執筆できるようになりますから，焦らず確実に取り組むことが重要です。

　埼玉大学経済学部初年次ツール科目「経済情報リテラシー」の授業もおおよそこの手順に沿って行います。最終回では2,000字程度の論証型レポートの提出を課していますから，授業の出席と同時に本書を参照しながらレポートの作成にあたってください。なお，次ページ以降で見本レポートを示しましたので執筆の参考にしてください。

3.4　論証型レポートの見本①

無印良品の反体制的商品コンセプトがもたらした新たな価値

20ED000
埼玉　太郎

キーワード：無印良品，反体制，コンセプト，価値創造

1．はじめに

　本稿では，無印良品（以下，無印）の商品開発コンセプトを取り上げ，その時代による変遷と社会に与えた影響を考察する。無印は，1980年に西友グループのプライベートブランド（以下，PB）として誕生した。その後，事業基盤の確立や事業規模の拡大を目指して「株式会社良品計画」として独立し，1990年に小売事業を開始した（良品計画 2021，p.6）。

　無印の本質は「反体制」にあり（深澤 2011，pp.105-109），無印の独自性を生みだす源泉である。本稿では無印の「反体制」的スタンスを裏付ける2つの商品コンセプト「わけあって，安い」，「感じ良い暮らし」を取り上げる。以下，「反体制」の意味に言及しつつ，消費者並びに社会に提示する新たな価値観について論証する。

2．ブランドへのアンチテーゼとしての「わけあって，安い」

　「わけあって，安い」のコンセプトは，有名ブランドへのアンチテーゼとしての意味合いを持つ。ここにおける「わけ」とは，無駄を省くという意味である。まずは，このコンセプトが登場するに至った社会的背景について記す。

　1960年代の時点で日本企業におけるPBはごくわずかであった。1979年のオイルショックによって，海外ではノーブランドの波が起こった。このことを契機に，日本企業も独自の商品開発すなわちPBを始めた。しかし，PBは低価格を重視するゆえに品質が犠牲になることが多く，消費者の間には「安かろう悪かろう」の認識が広まった。同じ時期に，西友グループもPBとして「無印良品」を設立した。無印は，巷に広がった認識を覆すべく，低価格競争には乗らず，品質を落とさずリーズナブルな価格の商品開発を進めた（斎藤 2004，p.55）。

　「われ椎茸」や素材缶詰「マッシュルーム」は，「わけあって，安い」のコンセプトを象徴する例である。これらは，以前は捨てていた部分を使用するだけでなく，無駄な工程を省くことによって，品質を保ちつつ低価格での販売を実現させた商品である。さらに，素材の素朴さを表現するために袋の装飾をなくし，低価格の「わけ」のみを書いたデザインとした（有賀 2000，p.7）。そして無印の自転車も，このコンセプトに即して開発された。これは走ることに特化し，無駄な装飾や必要のない機能を省いた。省いた機能はオプションとして追加購入できるようにした。

　これらの商品における意義は，ブランドへのアンチテーゼにある。この時期の商品は，ブランドという名のもとに加工，装飾を施し，さらに過価格を設定する傾向があった。実際，1980年代後半から1990年代初頭におけるバブル期の日本では，人々はこうしたブラ

ンド品に飛びつき，その商品を持つことで自身の地位や財力を表現していた。これに対して無印は，上記の商品を通じて，ブランドの見せびらかし，「顕示的消費」に疑問を投げかけ，消費者や社会に対してノーブランドの価値を提示したのである。

3．大量消費社会へのアンチテーゼとしての「感じ良い暮らし」

　次に無印が掲げたコンセプトは，「感じ良い暮らし」の追求である。個人のより良い暮らしの実現を目標に，商品を「持つ」ことから「使う」ことへの転換，つまり商品の顕示的価値から有用的価値への重点移動をよびかけた。その背景にあるのは，バブルの崩壊である。バブルの崩壊によって消費者の間では脱ブランド志向が広まった。そのため，ブランドへのアンチテーゼとしてのコンセプトは機能不全を起こした（深澤 2011，pp.133-134）。さらに，消費者の金銭的感覚は保守的になり，社会では安い商品の大量生産・大量消費が主流となった。こうした社会の変化に対して，無印は，商品の有用的価値を呼びかける「感じ良い暮らし」とのコンセプトを打ち出した。このコンセプトは，安いものを大量に消費する，いわば「大量消費社会」に一石を投じる意味で反体制的といえる。

　このコンセプトに即した商品開発にあたっては，消費者と企業との主観的な交わりを通じて，消費者にとって「感じの良い」商品を明確にするアプリ，「モノづくりコミュニティ」が導入された。そこでは，まず，インターネット上で消費者の求める商品案を募集し，そのいくつかを図面に書き起こした。そして，そのイメージの中から投票し，最終的な商品像を完成させる流れをとった。例えば「体にフィットするソファ」は，このコミュニティを通じて実現したものであった（西川 2015，pp.111-112）。

　このように，大量消費社会へのアンチテーゼとしてのコンセプトに基づき，消費者のニーズを反映させて生み出した商品は，生活の質の向上に貢献することとなる。無印は，大量消費社会において，消費者や社会に，生活の質を追い求めるという新たな価値観を提示したのである。

4．おわりに

　無印は，反体制の性質をもとに商品を開発し，商いを通じた新しい価値の創造と社会貢献を基本理念としている（良品計画〔2022〕）。ブランドへのアンチテーゼとしての「わけあって，安い」や，現在の消費社会へのアンチテーゼとしての「感じいい暮らし」というコンセプトはその理念を象徴するものである。

　無印は海外でも展開を広げており（良品計画 2021，pp.8-9），日本同様にそのノーブランド，素朴さによって人気を集めている。このように時代の変遷とともに，商品コンセプトを変えて歩んできた。2022 年現在では，新型コロナウイルスの流行によって巣ごもり需要が高まり，個人の有用性が重視されるようになった。コロナ禍収束後の社会は未知である。今後変化していく社会に対して，無印がどのような姿勢をとるのかは注目される。

※なお，本文中における「くらし」と「暮らし」の「く」，「いい」と「良い」については，良品計画ホームページを確認したが（2022 年 10 月 14 日現在），漢字形とひらがな形が混在している。本文では以下の出典のとおり示すこととした。

――――――――――

（欄外注）

二重線は間接引用である。

引用の出典を示す場合は，文末に（著者，発行年）を表記し，句点は（ ）の外に置く。

「おわりに」では，これまで述べてきた内容を総括し，結論を示す。

今後の展望や課題について言及し締めくくる。

参考引用文献

有賀馨〔談〕，照屋憲一〔聞き手〕（2000）「良品計画社長　有賀馨さん（編集社長インタビュー）」『朝日新聞クロスサーチ』5 月 27 日付夕刊，夕刊経済特集 3 面, p.7

金井政明，高橋由香理（2018.5）「コンセプトの実現を第一とする事業戦略 無印良品(MUJI)：グローバル展開の軌跡」『Harvard business review ＝ Diamond ハーバード・ビジネス・レビュー』ダイヤモンド社，43 巻 5 号, pp.110-117

小池一子〔談〕，藤生京子〔聞き手〕（2020）「（語る　人生の贈りもの）小池一子：8 「無印」で体制に抵抗，大まじめ」『朝日新聞クロスサーチ』10 月 30 日付朝刊，文化文芸面, p.31

斎藤勉（2004）「無印良品（キミの名は）」『朝日新聞クロスサーチ』8 月 21 日付朝刊，be 週末 b5, p.55

小学館（2022.6a）「オイル-ショック」『デジタル大辞泉』ジャパンナレッジ Lib 〈https://japanknowledge.com/lib/display/?lid=2001002077700〉（参照日 2022 年 10 月 4 日）

小学館（2022.6b）「バブル経済」『デジタル大辞泉』ジャパンナレッジ Lib 〈https://japanknowledge.com/lib/display/?lid=2001015030500〉（参照日 2022 年 10 月 4 日）

西川英彦（2015）「無印良品の経営学：無印良品の再生」『一橋ビジネスレビュー』一橋大学イノベーション研究センター，63 巻 3 号, pp.104-118

西川英彦（2016a）「無印良品の経営学：無印良品の再考」『一橋ビジネスレビュー』一橋大学イノベーション研究センター，63 巻 4 号, pp.110-122

西川英彦（2016b）「無印良品の経営学：世界の無印良品」『一橋ビジネスレビュー』一橋大学イノベーション研究センター，64 巻 2 号, pp.108-123

深澤徳（2011）『思想としての「無印良品」：時代と消費と日本と』千倉書房，234p

良品計画（2021）『有価証券報告書（2021 年 8 月 31 日決算日）』135p

良品計画〔2022〕「無印良品が目指すもの--無印良品のサステナビリティ」『良品計画ホームページ』〈https://ryohin-keikaku.jp/sustainability/muji-sustainability/goals/〉（参照日 2022 年 6 月 25 日）

良品計画（2022.9.15）「『無印良品 板橋南町 22』オープンのお知らせ」『良品計画ホームページ』〈https://ryohin-keikaku.jp/news/2022_0915_02.html〉（参照日 2022 年 9 月 27 日）

参考引用文献リストにはここまでの記述に要した文献を正しい表記方法に則って表記する。著者名の 50 音順に並べ，アルファベットの場合はその後に順で記載する。

インターネットで調べた場合は，正しい表記方法に則り，URL と参照日などを併記する。

このレポート例では，本文はおよそ 2,300 字。題名，参考引用文献リストなどを含めると，およそ 3000 字。本文の字数の目安は，設定字数の 80%〜120%。2,000 字のレポートでは 1,600 字〜2,400 字が本文量の目安である。

3.5　論証型レポートの見本②

タイトル：ゴシック体14pt
必要に応じてサブタイトルを付けてもよい

小林製薬におけるソリューションビジネスを通じた顧客価値創造の実践

タイトルは要旨がわかる具体的なものとする（本書「3章3.1」，「6章6.1」を参照）

キワード：明朝体10.5pt

学生番号・氏名：ゴシック体12pt
学籍番号は半角英数字で記載する

20ED●●●
氏　名

キーワード：ソリューションビジネス，顧客価値，小林製薬

段落はじめの一文字は1マス空ける

1．はじめに

　本稿では，小林製薬のソリューションビジネスを取り上げ，顧客価値創造のプロセスとその源泉について考察する。ソリューションビジネスとは，顧客の抱える問題を解消する製品・サービスを提供することを通じて利益確保を実現するビジネスモデルをいい，クリステンセンほか（2017）が提唱する「ジョブ理論」にも通ずるところがある。小林製薬は，「優れた製品開発力」と「徹底した市場戦略」によってソリューションビジネスを成功させているが，これらの一環としての種々の取り組みには，他の企業には見られないユニークなものも多い。そこで，そうした取り組みを整理しつつ，小林製薬のソリューションビジネスを概観し考察を加える。

2．ソリューションビジネスとそれを支える製品開発力

　ソリューションビジネスの根幹は，顧客の抱える様々な課題を解決するための製品・サービスを，顧客目線で開発・提供することによって価値を創造し，利益を確保することにある。顧客の声をたえず反映し，課題解決のための手段を創造することで，顧客と密接な関係を構築する点に大きな特徴があり，単に製品・サービスを一方的に顧客に提供するだけの既存のビジネスとは大きく異なる。

　小林製薬は，顧客の抱える漠然とした「不快」を潜在的なニーズととらえ，意見や要望として積極的に収集し，製品開発につなげている。これは，「人と社会に素晴らしい『快』を提供する」という経営理念を反映している（小林製薬ホームページ）。例えば，お客様相談室に商品開発やマーケティングの識者を配置し，顧客からの声を活かした新商品を企画し，経営陣に直接提案できるシステムがある（佐藤，2016）。また，従業員やその家族に毎月1つのアイデアを応募してもらう「社員提案制度」を創設し，顧客の漠然とした声と製品やサービスに昇華するノウハウをもった社員のアイデアとを組み合わせることで，優れた製品の開発

ページ番号を挿入する　-1-

本文量を10とすると，序論：1～1.5　本論：7～8　結論：1～1.5　が配分の目安となる。

題名は内容の要約。キーワードとの整合性に注意する。

キーワードは，3～5個程度にする。

見出し：ゴシック体12ポイント　具体的な見出しにしてもよい（例：問題の背景，問題と目的など）。本文：明朝体10.5ポイント。

「はじめに」ではレポートのテーマ・論点を明らかにする。さらに，レポート全体のトピックを述べるとともに，読み手を惹きつけるように書く。

内容が一目でわかる見出しをつける。ゴシック体で強調する。

網掛け部分はトピック・センテンスである。パラグラフの最初（かつ最後）にはトピック・センテンスを配置する。

破線部は対比を表す。

「　」は直接引用である。

引用の出典を示す場合は，文末に（著者，発行年）を表記し，句点は（　）の外に置く。

につなげている。顧客の声や社員のアイデアから製品化にこぎつけた商品には「アンメルツ」や「熱さまシート」などがある（読売新聞，2018）。

優れたアイデアと既存の技術を融合して新製品を開発し，市場に迅速に投入するシステムとして「コンカレント開発」を実践している点も小林製薬の強みである。

コンカレント開発は，研究開発から製品企画・試作，生産準備・量産販売までの一連のプロセスを同時進行で行い，リードタイムの短縮を図ることができる。小林製薬では，新製品のアイデア構想から製品化決定までに約6か月，完全な市場投入までに約7か月，平均13か月というスピード開発を実現している（米山，2002）。このコンカレント開発によって，優れた製品を他社に先駆けて市場に投入することができるだけでなく，毎年30品目程度の新製品を安定して市場に投入することが可能となる。

3．徹底した市場戦略

小林製薬は，「小さく入って大きく育てる」というポリシーのもと，徹底して特定のターゲットやニーズに適応する「ニッチ市場」を創造することを目標としてきた。卸売商として創業した小林製薬は，取引メーカーとの競合を避けるため，既存市場への参入に消極的な姿勢を維持していた時期があった。そのため小林製薬にとって，既存市場の隙間を狙ったニッチ市場の開拓は，さらなる利益拡大を図るために必要不可欠な選択であった（米山，2002）。ニッチ市場の開拓を通じて，製品ブランドと市場規模の成長を達成する手法を採ってきたのである。

ニッチ市場を利益が見込める大きな市場に成長させる戦略の一例が，用途が鮮明にわかるインパクトの強いネーミングとそれに基づく販促活動の展開である。これまで市場に存在しなかった製品を消費者に認知させ，かつ購買行動に結び付けるためには，その製品の用途や効能，具体的にどのような問題を解決できるのかを，誰もがわかるように訴求する必要がある。そのため，「のどぬーる」や「熱さまシート」のように，用途や効能をイメージしやすい製品名を採用しているのである。また，TVコマーシャルにも工夫がある。顧客の抱える問題と，それを解決する製品の効用・使い方・製品名を順に，しかも簡潔に訴求している。現社長の小林章浩は，「『名前は体を表す』ではないが，わかりやすく，ということにはこだわっている」と述べている（朝日新聞，2016）。その成果として，1990年代の「失われた10年」の間に営業利益を6倍以上に拡大するという類稀なる業績を残しており，以降も増減の変化はあるが，売上高は上昇傾向にあり，営業利益率では2017年度の時点で14.62％を記録している（小林製薬『有価証券報告書』各年版）。

波線部は具体例を表す。

二重下線部は，客観的なデータを表す。事実を裏付けるデータを引用することによって論理が補強され，説得力が出る。データの典拠は必ず明記する。

４．おわりに

　小林製薬は，顧客の声と社員のアイデアを積極的に反映した製品を迅速に開発し，徹底的に絞り込まれたニッチ市場に投入し，消費者の潜在的な課題を解決することによって利益確保を実現している。小林製薬のソリューションビジネスには，ユニークなアイデアを生かした「優れた製品開発力」と「徹底した市場戦略」が大きく寄与しており，これこそが他の企業と比した小林製薬の企業としての強さの源泉である。

　ソリューションビジネスを体現し，成功を収めている小林製薬にも事業課題はある。日本社会が抱える高齢化とそこに生じる様々な問題に対して，どのようなソリューションを提供できるかという課題である。また，小林製薬の製品を「神薬」として珍重するアジア諸国などの海外市場に，どのように市場戦略を講じていくかという点ついても課題が残されている。ソリューションビジネスをより深化させ，複雑かつグローバルな市場を相手にニッチ市場をどのように開拓し，利益確保を実現するかが今後の大きな命題である。

参考引用文献
朝日新聞（2016）「アンメルツ，米進出へ　発売50年」9月10日付朝刊，経済2面，p.9
朝日新聞（2017）「（聞きたい）訪日外国人になぜ売れる？小林製薬社長・小林章浩氏」11月8日付朝刊，金融経済面，p.12
クリステンセン，クレイトンM［ほか］；依田光江訳（2017）『ジョブ理論：イノベーションを予測可能にする消費のメカニズム』ハーパーコリンズ・ジャパン
小林製薬（1990-2017）『有価証券報告書』各年版
小林製薬〔2019〕「小林製薬の戦略」『小林製薬ホームページ』〈https://www.kobayashi.co.jp/ir/strategy/index.html〉（参照日2019年3月9日）
佐藤正弘（2016-03）「ICT時代のマーケティング・コミュニケーション：2つのVoice」『西南学院大学商学論集』62（3・4），pp.335-351
米山茂美（2002）「ビジネス・ケース　小林製薬：イノベーションを生み出す組織と戦略」『一橋ビジネスレビュー』東洋経済新報社，49(4)，pp.144-169
読売新聞（2018）「［平成MONO図鑑］冷却シート『熱さまシート』刺し身コンニャクがヒント」7月8日付朝刊，p.3

「おわりに」では，これまで述べてきた内容を総括し，結論を示す。

今後の展望や課題について言及し締めくくる。

参考引用文献リストにはここまでの記述に要した文献を正しい表記方法に則って表記する。著者名の50音順に並べ，アルファベットの場合はその後に順で記載する。

インターネットで調べた場合は，正しい表記方法に則り，URLと参照日などを併記する。

このレポート例では，本文はおよそ2,300字。題名，参考引用文献リストなどを含めると，およそ2,800字。本文の字数の目安は，設定字数の80％～120％。2,000字のレポートでは1,600字～2,400字が本文量の目安である。

3.6　アカデミックであること

これから，みなさんが学ぶ「社会科学」を始めとする諸学問は，過去のさまざまな研究やその成果が，一貫した論理の下に体系化されて蓄積されています。個々の研究成果や学説などには，オリジナリティと著作権が認められています。新たに研究を行う際には，これまでの先人たちによって蓄積されてきた学問的成果を援用しながら進めていきます。こうした蓄積を「先行研究」といい，それらを自身の研究のために正しく利用することを「参照」や「参考」，「引用」といいます。そして，学問的成果の蓄積を利用した上で，新たに得られた自分自身の研究成果を正しく示すために，参照や引用した内容と，自身が新たに研究する中で積み重ねた論理や学説とをルールに則って明確に区別しなければなりません。その１つが，「参考引用文献リスト」の作成です。

図3.5をみてください。これは，研究成果をまとめた「学術論文」とよばれる文書です。２枚目の右段（□部分）に《参照文献》とあります。参考（参照）文献リストには，この論文を書く際に参考にした文献（図書や論文など）を一定の書式に則って記載します。このリストによって，先行研究と新たに得られた自身の研究を明確に区別するのです。ほかにも，本文中では参照箇所を明示したり，脚注をつけたりするなど，参照したことを明確に示すためのルールがあります。こうしたルールを守らないと，剽窃（ひょうせつ）とみなされ，著作権を侵害することになりかねないので注意が必要です。引用や脚注については，４章で詳しく解説します。

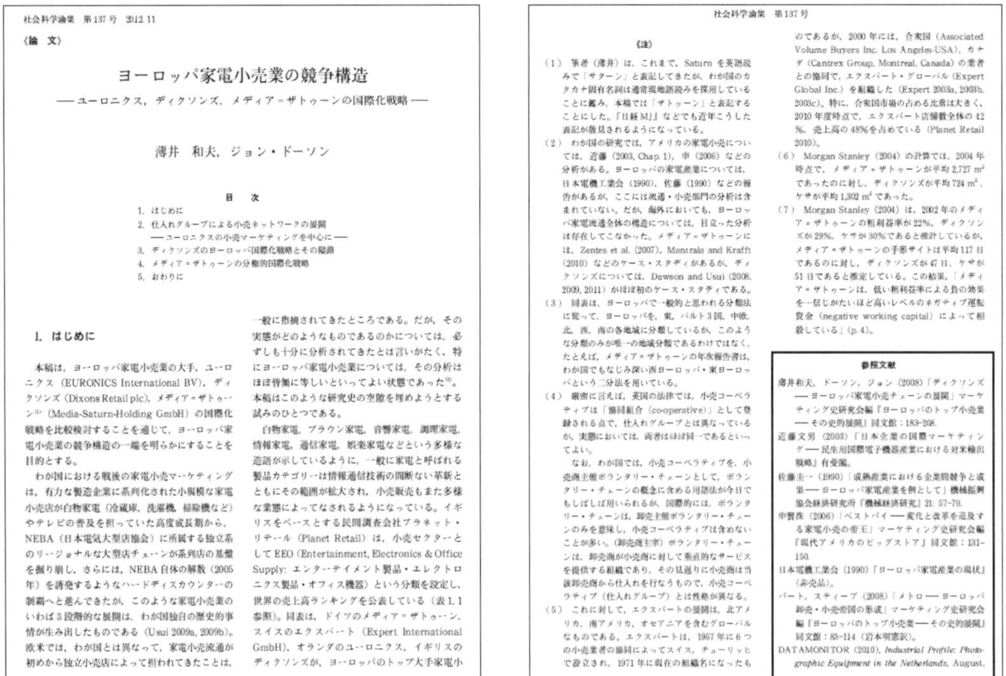

社会科学論集　第137号　2012.11

〈論　文〉

ヨーロッパ家電小売業の競争構造
――ユーロニクス，ディクソンズ，メディア＝ザトゥーンの国際化戦略――

薄井　和夫，ジョン・ドーソン

目　次

1. はじめに
2. 仕入れグループによる小売ネットワークの展開
――ユーロニクスの小売マーケティングを中心に――
3. ディクソンズのヨーロッパ国際化戦略とその隘路
4. メディア＝ザトゥーンの分権的国際化戦略
5. おわりに

1. はじめに

本稿は，ヨーロッパ家電小売業の大手，ユーロニクス（EURONICS International BV），ディクソンズ（Dixons Retail plc），メディア＝ザトゥーン(1)（Media-Saturn-Holding GmbH）の国際化戦略を比較検討することを通じて，ヨーロッパ家電小売業の競争構造の一端を明らかにすることを目的とする。

わが国における戦後の家電小売マーケティングは，有力な製造企業に系列化された小規模な家電小売店が白物家電（冷蔵庫，洗濯機，掃除機など）やテレビの普及を担っていた高度成長期から，NEBA（日本電気大型店協会）に所属する独立系のリージョナルな大型店チェーンが系列店の基盤を掘り崩し，さらには，NEBA自体の解散（2005年）を誘発するようなハードディスカウンターの制覇へと進んできたが，このような家電小売業のいわば３段階的な展開は，わが国独自の歴史的事情が生み出したものである（Usui 2009a, 2009b）。欧米では，わが国とは異なって，家電小売流通が初めから独立小売店によって担われてきたことは，一般に指摘されてきたところである。だが，その実態がどのようなものであるのかについては，必ずしも十分に分析されてきたとは言いがたく，特にヨーロッパ家電小売業については，その分析はほぼ皆無に等しいといってよい状態であった(2)。本稿はこのような研究史の空隙を埋めようとする試みのひとつである。

白物家電，ブラウン家電，音響家電，調理家電，情報家電，通信家電，娯楽家電などという多様な造語が示しているように，一般に家電と呼ばれる製品カテゴリーは情報通信技術の間断ない革新とともにその範囲が拡大され，小売販売もまた多様な業態によってなされるようになっている。イギリスをベースとする民間調査会社プラネット・リテール（Planet Retail）は，小売セクターとしてEEO（Entertainment, Electronics & Office Supply: エンターテイメント製品・エレクトロニクス製品・オフィス機器）という分類を設定し，世界の売上高ランキングを公表している（表1.1参照）。同表は，ドイツのメディア＝ザトゥーン，スイスのエクスパート（Expert International GmbH），オランダのユーロニクス，イギリスのディクソンズが，ヨーロッパのトップ大手家電小

15

社会科学論集　第137号

《注》

（1）筆者（薄井）は，これまで，Saturnを英語読みで「サターン」と表記してきたが，わが国のカタカナ固有名詞は通常現地語読みを採用していることに鑑み，本稿では「ザトゥーン」と表記することにした。『日経MJ』などでも近年こうした表記が散見されるようになっている。

（2）わが国の研究では，アメリカの家電小売については，近藤（2003, Chap. 1），中（2006）などの分析がある。ヨーロッパの家電産業については，日本電機工業会（1990），佐藤（1990）などの報告があるが，ここには流通・小売部門の分析は含まれていない。だが，海外においても，ヨーロッパ家電流通全体の構造については，目立った分析は存在してこなかった。メディア＝ザトゥーンには，Zentes et al. (2007)，Mantrala and Krafft (2010) などのケース・スタディがあるが，ディクソンズについては，Dawson and Usui (2008, 2009, 2011) がほぼ初のケース・スタディである。

（3）同表は，ヨーロッパで一般的と思われる分類法に従って，ヨーロッパを，東，バルト３国，中欧，北，西，南の各地域に分類しているが，このような分類のみが唯一の地域分類であるわけではなく，たとえば，メディア＝ザトゥーンの年次報告書は，わが国でもなじみ深い西ヨーロッパ・東ヨーロッパという二分法を用いている。

（4）厳密に言えば，英国の法律では，小売コーペラティブは「協同組合（co-operative）」として登録される点で，仕入れグループとは異なっているが，実態においては，両者はほぼ同一であるといってよい。

なお，わが国では，小売コーペラティブを，小売商主催ボランタリー・チェーンとして，ボランタリー・チェーンの概念に含める用語法が今日でもしばしば用いられるが，国際的には，ボランタリー・チェーンは，卸売主催ボランタリー・チェーンのみを意味し，小売コーペラティブは含めないことが多い。（卸売商主宰）ボランタリー・チェーンは，卸売商が小売商に対して垂直的なサービスを提供する組織であり，その見返りに小売商は当該卸売商から仕入れを行なうもので，小売コーペラティブ（仕入れグループ）とは性格が異なる。

（5）これに対して，エクスパートの展開は，北アメリカ，南アメリカ，オセアニアを含むグローバルなものである。エクスパートは，1967年に６つの小売業者の協同によってスイス，チューリッヒで設立され，1971年に現在の組織名になったものであるが，2000年には，合衆国（Associated Volume Buyers Inc. Los Angeles-USA），カナダ（Cantrex Group, Montreal, Canada）の業者との協同で，エクスパート・グローバル（Expert Global Inc.）を組織した（Expert 2003a, 2003b, 2003c）。特に，合衆国市場の占める比重は大きく，2010年度時点で，エクスパート店舗数全体の42%，売上高の48%を占めている（Planet Retail 2010）。

（6）Morgan Stanley（2004）の計算では，2004年時点で，メディア＝ザトゥーンが平均2,727 m^2であったのに対し，ディクソンズが平均724 m^2，ケサが平均1,302 m^2であった。

（7）Morgan Stanley（2004）は，2002年のメディア＝ザトゥーンの粗利益率が22%，ディクソンズが29%，ケサが30%であると推計しているが，メディア＝ザトゥーンの手形サイトは平均117日であるのに対し，ディクソンズが47日，ケサが51日であると推定している。この結果，「メディア＝ザトゥーンは，低い粗利益率による負の効果を信じがたいほど高いレベルのネガティブ運転資金（negative working capital）によって相殺している」（p.4）。

参照文献

薄井和夫，ドーソン，ジョン（2008）「ディクソンズ――ヨーロッパ家電小売チェーンの展開」マーケティング史研究会編『ヨーロッパのトップ小売業――その史的展開』同文館：183-208.
近藤文男（2003）『日本企業の国際マーケティング――民生用国際電子機器産業における対米輸出戦略』有斐閣。
佐藤康一（1990）「成熟産業における企業間競争と成果――ヨーロッパ家電産業を例として」機械振興協会経済研究所『機械経済研究』21: 57-79.
中野安（2006）「ベストバイ――変化と改革を追及する家電小売の帝王」マーケティング史研究会編『現代アメリカのビッグストア』同文館：131-150.
日本電機工業会（1990）『ヨーロッパ家電産業の現状』（非売品）。
バート，スティーブ（2008）「メトロ――ヨーロッパ卸売・小売帝国の形成」マーケティング史研究会編『ヨーロッパのトップ小売業――その史的展開』同文館：83-114（岩本明憲訳）。
DATAMONITOR (2010), *Industrial Profile: Photographic Equipment in the Netherlands*, August.

34

図3.5　学術論文の例

出典：薄井和夫，ドーソン，ジョン（2012-11）「ヨーロッパ家電小売業の競争構造：ユーロニクス，ディクソンズ，メディア=ザトゥーンの国際化戦略」『社会科学論集』埼玉大学経済学会，137号，左：p.15，右：p.34

　さらに，学問が一貫した論理の下に体系化されているとするならば，その内容は，十分な客観性と信頼性を有している必要があります。したがって，アカデミックな文章を書く場面では，参照する情報が客観性や信頼性に足るものであるか吟味しなければいけません。大学生のレポートに多いのが，インターネットのフリー百科事典（Wikipediaなど）や質問サイト（Yahoo！　知恵袋など），執筆者の署名などがないインターネット上の記事からのコピー・アンド・ペースト（いわゆるコピペ）です。これらは，結果的に内容が正しい場合もありますが，執筆者が明確でなかったり，十分な学術的根拠に基づいて執筆されていなかったりすることが多く，学術的な客観性や信頼性に乏しい情報です。したがって，これらの情報だけに頼って書いたレポートや論文は，アカデミックであるとはいえません。

3.7　三つのリテラシー

　アカデミックなスキルには三つのリテラシーが含まれます（表3-3）。

表3-3　三つのリテラシー

(1)　コンピュータリテラシー 　　…　コンピュータを含む情報機器を利用するための基礎能力 (2)　情報リテラシー 　　…　情報を活用する基礎能力で，情報の入手（検索を含む）・加工・発信ができる能力 (3)　メディアリテラシー 　　…　メディア（TVやインターネット，新聞など）が発信する情報を読み解き，理解する基礎能力

　これらの三つのリテラシーはいずれも重要ですが，とりわけ大切なのがメディアリテラシーです。

　今日では，さまざまな統計情報やデータベース，電子ジャーナルなど，有益な情報がインターネットを通じて得られるようになってきましたが，偏った情報や信頼性に欠ける情報が多いのも事実です。私たちに求められるのは，情報が氾濫するなかで，客観性と信頼性が担保された情報を正しく選び取る能力です。カスタマイズされた情報（例えば，自分の好みや興味のあるカテゴリーだけが抽出されたメディアからの情報など）のみを受け取っているだけでは，"メディアリテラシーがある"とはいえません。その情報が本当に正しいものかどうかに気を払い，つねに検証する姿勢をもつことが大切です。

3.8　フォーマットの作成手順

　論証型レポートの作成に入る前に，Microsoft Word（Microsoft Corporationが提供するソフトウェアです）を使った，フォーマットの作成手順について解説します。

　フォーマット作成で必要な最低限の項目は，次の4つです。レポートを作成する際は，これらの項目の指定を確認し，正しいフォーマットで作成するよう心掛けてください。

　なお，レポートや論文を作成する際には，用紙はA4サイズ（210mm×297mm，縦形で利用）を用いるのが原則です。

　次のようなフォーマットでレポートを作成する場合の，レイアウトの設定方法を説明します。

表3-4　フォーマット作成に必要な4項目

① 余白の設定
② 文字数・行数の設定
③ ページ番号の設定
④ 文字サイズ・フォントの設定

表3-5　フォーマットの例（本講義で提出を課す論証型レポートの指定フォーマット）

① 余白：上下左右25mm
② 文字数：40文字／行数：30行
③ ページ番号：ページの下部中央
④ 文字サイズ・フォント：タイトル14ポイント・ゴシック体
　　　　　　　　　　　　：キーワード10.5ポイント・明朝体
　　　　　　　　　　　　：見出し12ポイント・ゴシック体　※氏名・学籍番号は「見出し」に準ずる
　　　　　　　　　　　　：本文10.5ポイント・明朝体

3.8.1　余白の設定

⑴　「レイアウト」タブを選択します（図3.6）。

⑵　「ページ設定」の右下の⬚ をクリックします（図3.6）。

図3.6　MS-Word余白設定の操作画面

⑶　「ページ設定」が開いたら，「余白」タブを選択します（図3.7）。

図3.7　余白設定のダイアログボックス

(4)　「余白」の「上」「下」「左」「右」を設定します。

(5)　設定ができたら ｜ ＯＫ ｜ を選択します※。

　※　次の「文字数」「行数」の設定も同時に行う場合は，この作業は不要です。3.8.2文字数・行数の設定(2)
　　以降の作業を進めてください。

3.8.2　文字数・行数の設定

(1)　「ページ設定」が開いたら，「文字数と行数」タブを選択します（図3.8）。

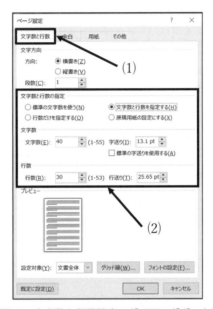

図3.8　文字数と行数設定のダイアログボックス

(2)　「文字数と行数の指定」から，「文字数と行数を指定する」を選択します。

　※　「字送り」は自動的に設定されますので操作不要です。

(3)　「文字数」「行数」を設定します。

(4)　設定ができたら ｜ ＯＫ ｜ を押します。

｜注意｜「余白」と「文字数・行数」の設定を同時に行う場合は，まず「余白」の設定から行ってく
　　ださい。

3.8.3　「余白」と「文字数・行数」の同時設定

(1)　「レイアウト」タブを選択します（図3.9）。

(2)　「ページ設定」の右下の ⌐ をクリックします。

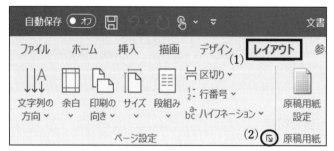

図3.9 「余白」と「文字数・行数」の同時設定―操作画面①

(3) 「ページ設定」が開いたら，「余白」タブを選択します（図3.10）。

(4) 「余白」の「上」「下」「右」「左」をすべて25mmに設定します。

　※　「余白」と「文字数・行数」の同時設定をするので，「余白」設定画面の　OK　をまだ押さないでください。

図3.10 「余白」と「文字数・行数」の同時設定―操作画面②

(5) 「余白」設定画面の　OK　を押さずに，「文字数と行数」タブを選択します（図3.11次頁参照）。

(6) 「文字数と行数の指定」から，「文字数と行数を指定する」を選択します。

　※　「字送り」は自動的に設定されるので操作しないでください。

(7) 「文字数」を40，「行数」を30に設定します。

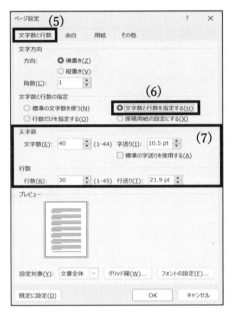

図3.11　「余白」と「文字数・行数」の同時設定―操作画面③

(8)　設定ができたら「文字数と行数」設定画面下の　OK　を押します。必ず「余白」の設定を先
　　に行います。

　※　原則として，レポートや論文の作成にはA4サイズ（210mm×297mm）を用います。

3.8.4　ページ番号の設定

(1)　図3.12のように「挿入」→「ヘッダーとフッター」→「ページ番号」の順にクリックします。

図3.12　挿入タブ画面

(2)　図3.13のような画面が表示されるので，「ページの下部」→「番号のみ2」の順にクリックし
　　ます。

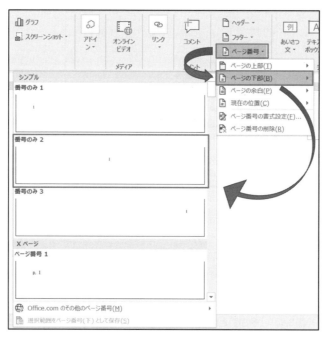

図3.13　ページ番号挿入の選択画面

(3)　ページの下部を参照し，図3.14のようにページ番号が正しく挿入されていることを確認します。
　　2ページ目以降も正しく番号が振られているか，あわせて確認します。

図3.14　ページの下部にページ番号を挿入した例

3.8.5　文字サイズ・フォントの設定
　一般に，本文には「明朝体」，見出しやタイトルには「ゴシック体」を用います（表3-6，図3.15）。

表3-6　レポートで使用する書体と主な用途

書体	主な用途
明朝体	本文
ゴシック体	見出し・タイトル

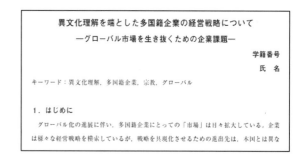

図3.15　書体を使い分けたレポートの例

　なお，Wordでは表3-7，図3.16のように，フォントと文字サイズは，「ホーム」タブから変更する

ことができます。

表3-7　フォント名とフォントサイズの説明と変更方法

フォント名	フォントサイズ
フォント名の横にある▼をクリックすると，フォントの一覧が表示されますので，変更したいフォントを選択して変更します。	フォントサイズの横にある▼をクリックすると，サイズの一覧が表示されますので，任意のサイズに変更します。 　なお，フォントサイズは，直接入力することで0.5ポイント単位に設定することもできます。

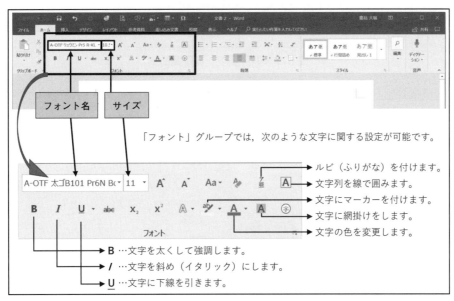

図3.16　フォントグループで設定可能な項目とアイコンの説明

3.8.6　「段落」の設定

　余白や文字数・行数の設定が正しかったとしても，図3.17のように体裁が整わない場合があります。その時は，「段落」の設定を見直す必要があります。

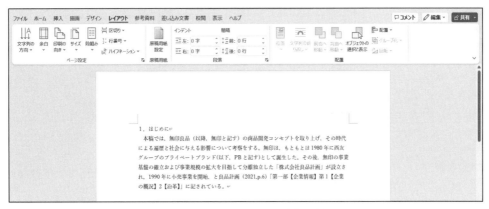

図3.17　不適切な文章の体裁の例

⑴　図3.18のようにレポート全体をドラッグ（左クリックしたまま範囲指定）します。

図3.18　段落の設定：操作画面①

⑵　図3.19のようにドラッグしたらその部分を右クリックし，「段落」を選択します。

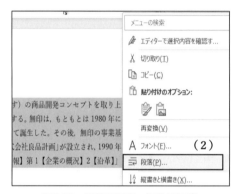

図3.19　段落の設定：操作画面②

⑶　図3.20のように「インデントと行間隔」を選択し，各項目を設定します。

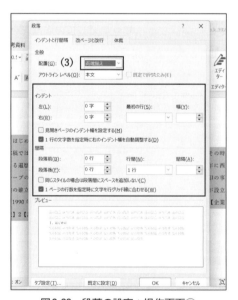

図3.20　段落の設定：操作画面③

(4)　設定できたら，下の「OK」を押します。すると，図3.21のような正しい体裁になります。

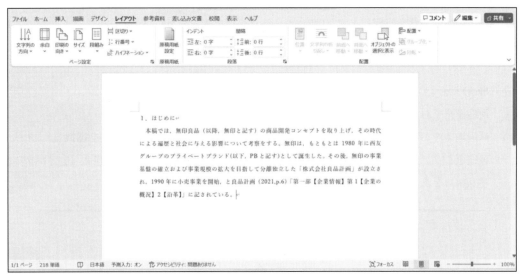

図3.21　正しい文章の体裁の例

3.8.7　Wordにおいて「両端揃え」を用いて体裁を整える方法

　書き上がったレポートの体裁を整え，見栄えをよくするための方法の一つに，「両端揃え」があります。設定された文字数を満たしながら，行頭・行末を揃えることができるため，均整の取れた文書が作成できます。

(1)　両端揃えの例

　以下に，両端揃えを行わない場合・行った場合の例をそれぞれ示します。

① 　両端揃えを行わない場合

> 　ソリューションビジネスの根幹は，顧客の抱える様々な課題を解決するための製品・サービスを，顧客目線で開発・提供することによって価値を創造し，利益を確保することにある。顧客の声をたえず反映し，課題解決のための手段を創造することで，顧客と密接な関係を構築する点に大きな特徴があり，単に製品・サービスを一方的に顧客に提供するだけの既存のビジネスとは大きく異なる。

② 　両端揃えを行った場合

> 　ソリューションビジネスの根幹は，顧客の抱える様々な課題を解決するための製品・サービスを，顧客目線で開発・提供することによって価値を創造し，利益を確保することにある。顧客の声をたえず反映し，課題解決のための手段を創造することで，顧客と密接な関係を構築する点に大きな特徴があり，単に製品・サービスを一方的に顧客に提供するだけの既存のビジネスとは大きく異なる。

(2)　**両端揃えの設定方法**

　両端揃えの設定方法を説明します（図3.22）。注意事項を確認の上，以下の①～②にしたがって操作を行ってください。

（注意事項）
　①　両端揃えをおこなうのは，本文がすべて書き終わった段階です。
　②　両端揃えをおこなったことで文字列の体裁が崩れた場合には，崩れた箇所を選択し，「すべての書式をクリア」を実施した後（下図の ○ ボタンをクリック），再度，両端揃え（□ ボタンをクリック）を試みてください。

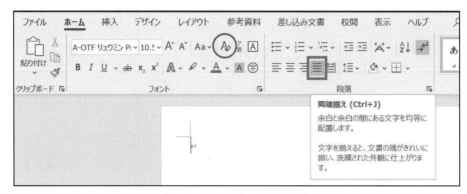

図3.22　両端揃えの操作画面(1)

　①　パラグラフの選択
　図3.23のように両端揃えを行うパラグラフを選択します。

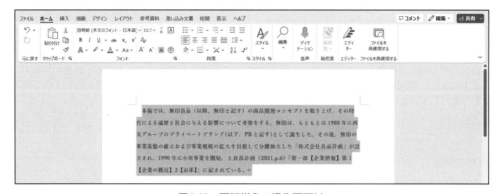

図3.23　両端揃えの操作画面(2)

② 両端揃え

「段落」＞「両端揃え」をクリックし，両端揃えが正しく実行されたことを確認してください（図3.24）。

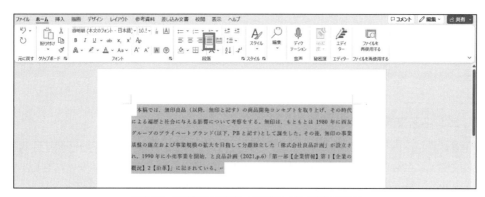

図3.24　両端揃えが正しく実行された場合の画面

※　両端揃えをクリックしてもパラグラフがきれいに両端揃えにならない場合は，一度，「すべての書式をクリア（図3.25参照）」をクリックしてから，上記①〜②の作業を実施してください。

図3.25　すべての書式をクリア

4章　文書作成とWordの活用（担当：劉）

4.1　ビジネス文書

4.1.1　ビジネス文書の役割

　ビジネスの場では，電子メールやSNSなど新しいメディアの活用が広がっていますが，情報伝達の主役は依然として文書です。特に，企業で扱う文書は「ビジネス文書」と呼ばれ，情報を適切かつ確実に伝達する役割を担っています。文書にすることで，同じ情報を同時に関係者に正確に伝えることができ，記録性，効率性，保存性の面でも優れています。

4.1.2　ビジネス文書の種類

　ビジネス文書は，表4-1のように，組織内で発行される「社内文書」と，組織外に向けて発行される「社外文書」に大別されます。社内文書とは，組織内の関係部署，上司，部下などに対して作成される文書です。社外文書とは，取引先や官公庁などに向けて作成される文書です。

表4-1　社内文書と社外文書の例

社内文書	社外文書
規則書・手順書・提案書・報告書・稟議書・議事録など	見積書・納品書・請求書・案内状・招待状・祝賀状など

　社内文書，社外文書に共通する必須項目は，文書番号，発信日，住所，発信者名，標題，本文，担当者名です。作成時には特に漏れのないように注意が必要です。

4.1.3　電子文書

　電子文書とは，一般的にPCで作成された文書のことです。電子文書は必ず1つのファイルに記録され，ファイル名も作成されます。また，複数のファイルがいくつかのグループに分けられ，フォルダにまとめて保存されています。このようなデータ管理方法を「ディレクトリ管理」といいます。

　フォルダは，わかりやすいように分類し，名前をつけておくとより使いやすくなります。分類方法には，テーマ別，固有名詞別，時系列別，文書種類別などがあります。

4.1.4　文書サイクル

　ビジネス文書には，図4.1のように，作成，承認，伝達，保管，廃棄というライフサイクルがあります。ビジネス文書を活用するためには，このライフサイクルを適切に回し，同時に各プロセスに必要なルールを決め，厳格に運用することが求められます。

図4.1　ビジネス文書のライフサイクル

4.1.5　企業情報開示

　企業開示とは，企業が利害関係者（ステークホルダー）に対してさまざまな情報を開示することで，ディスクロージャーとも呼ばれます。

　企業は，株主・投資家に対して決算情報などを適時・適切に開示し，経営の透明性を高めることで，信頼関係を構築し，企業価値を高めることができます。

　有価証券報告書とは，企業の経営情報を利害関係者に開示するために作成される法定文書です。有価証券報告書には，会社の沿革，事業内容，従業員数，経理の状況などが記載されています。上場企業は，金融商品取引法により提出が義務付けられています。

　EDINET（Electronic Disclosure for Investors' NETwork）とは，インターネットを利用して有価証券報告書等を提出・閲覧できる電子開示システムです。金融庁は2001年からEDINETを公開し，図4.2のように，誰でも無料で過去5年以内に提出された有価証券報告書等を検索・閲覧できるようにしています。

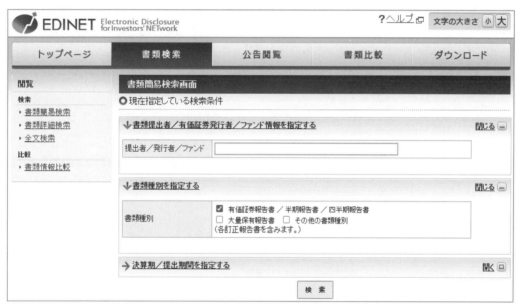

図4.2　金融庁「EDINET」

出典：URL：http://disclosure.edinet-fsa.go.jp/（参照日2022年11月24日）

4.2　Wordによる文章作成

4.2.1　操作画面の特徴

　Wordを起動し，「空白の文書」で新規作成すると，図4.3のような画面が表示されます。ここで，まずWordの基本的な機能をタブ別に確認します。

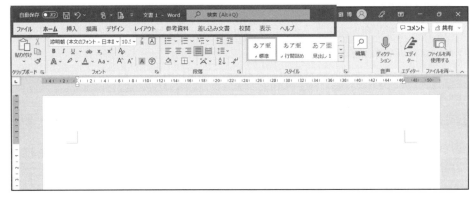

図4.3　Word新規文書の作成画面

① ［ファイル］タブ：新規文書の作成，保存，印刷，アプリケーションの設定を行うことができます。

② ［ホーム］タブ：入力テキストのフォント，段落，スタイルの設定などができます。

③ ［挿入］タブ：表，図，ビデオなどのマルチメディアコンテンツの挿入，ページ番号の設定，定型文，特殊記号，テキストボックスの挿入ができます。

④ ［デザイン］タブ：文書全体のテーマを設定・変更できるほか，透かし，ページカラー，ページ罫線などの設定・変更もできます。

⑤ ［レイアウト］タブ：文書の余白，サイズ，段組みや印刷の向きなどを設定することができます。

⑥ ［参考資料］タブ：脚注や引用文献の挿入，索引や引用の登録，目次の作成などができます。

4.2.2　文字入力と編集

　入力エリア（画面中央）にカーソルを置き，キーボードで文字を入力することができます。入力した文章の書式を設定するには，図4.4のように，テキストを選択し，［太字］，［斜体］，［箇条書き］，［段落番号］などのオプションを選択して編集します。

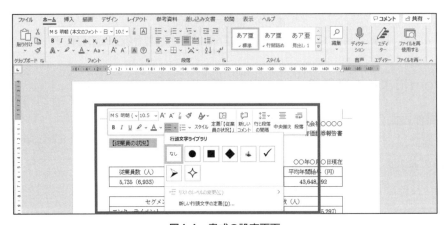

図4.4　書式の設定画面

4.2.3　表の作成

　表を作成するには，図4.5のように，「挿入」タブから「表」機能を選択し，希望のサイズ（○行○列）にカーソルを合わせてクリックします。なお，8行×10列以上の表は，表機能の「表の挿入」オプションを使えば，簡単に作成できます。

図4.5　表の挿入・作成画面

4.2.4　画像，図形，SmartArtなどの追加

　文書に画像や図形などを追加したい場合は，図4.6のように「挿入」タブの「図」エリアにある機能を利用します。また，オンラインの画像やスクリーンショットを活用することも可能です。

　図解によく使われるSmartArtを追加したい場合は，図4.6のように「SmartArt」を選択し，「SmartArtグラフィック」から目的のものをクリックすれば，すばやく作成することができます。

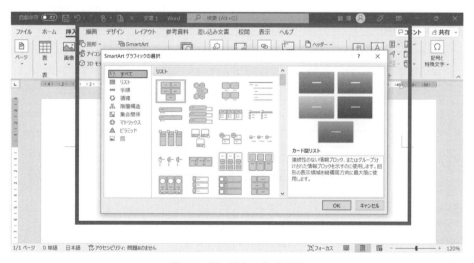

図4.6　図の追加・作成画面

4.2.5　ファイルの保存

　作成した文書を保存するには，「ファイル」タブ，「名前を付けて保存」をクリックします。ファイルにわかりやすい名前を入力し，場所を指定して「保存」を選択します。

　近年，編集や承認作業の効率化やセキュリティ向上のため，OneDrive などのクラウドサービスに文書を保存するケースが増えています。ファイルをクラウドに保存することで，他のユーザーとの共有や共同編集が可能になり，パソコン，タブレット，スマートフォンなど，いつでもどこからでも文書にアクセスできるようになります。

4.3　練 習 問 題

4.3.1　有価証券報告書の検索と取得

　金融庁の縦覧サービス「EDINET」を利用して，興味のある上場企業の直近の有価証券報告書を PDF でダウンロードしてください。

4.3.2　表のあるビジネス文書の作成

　図4.7の完成例を参考に，Word で再現してください（フォントサイズは「11」ポイントに指定すること）。

株式会社○○○○

有価証券報告書

【従業員の状況】

○○年○月○日現在

従業員数（人）	平均年齢（歳）	平均勤続年数（年）	平均年間給与（円）
5,735（6,933）	40.1	11.8	43,648,192

セグメントの名称	従業員数（人）	
エンターテイメント	4,128	(5,297)
ホテル	897	(753)
ショッピングモール	681	(852)
その他	29	(31)
合計	5,735	(6,933)

図4.7　表のあるビジネス文章作成の完成例

　※　作成のヒント
　　①　文字列の位置を揃えるには，「ホーム」タブの「段落」エリアにある「中央揃え」機能を使用します。
　　②　表を作成するには，「挿入」タブの「表」機能を利用します。
　　③　セルを結合するには，結合したい複数のセルを選択し，右クリックの「セルの結合」を使用します。

4.3.3　図のあるビジネス文書の作成

(1)　図4.8「会社の階層型組織図」を参考に，Wordの「SmartArt」機能を使って再現してください。

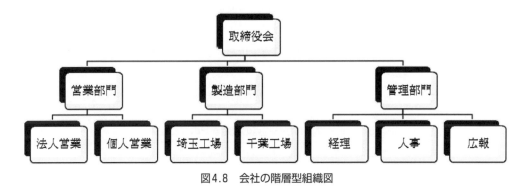

図4.8　会社の階層型組織図

(2)　図4.9「経営管理PDCA図」を参考に，Wordの「SmartArt」機能を使って再現してください。

図4.9　経営管理のPDCA図

※　作成ヒント
　①　組織図を追加するには，「挿入」タブの「SmartArt」で「階層構造」から選択します。
　②　PDCA図を追加するには，「挿入」タブの「SmartArt」で「循環」から選択します。
　③　SmartArtの項目の追加や削除などの編集は，「SmartArt」をクリックして表示される編集ボックスで行います。

メモ欄

5章　論証型レポートのテーマ探し（担当：渡辺）

5.1　テーマを探す

　論証型レポートや論文は，明確な課題やテーマに沿って形式立てて書かれるものです。したがって，テーマの設定次第で，完成度が大きく変わることがあります。しかし，テーマは突然浮かぶものではありません。この節では，テーマ探しから課題設定までをスムーズに進めるためのプロセスを解説します。

　すでに，表5-1に示してあるように，テーマ探しから論点の設定までのプロセスは次の3つです。

表5-1　テーマ探しから論点の設定までのプロセス

(1)	〈問題意識の所在〉	関心のある分野・事象は何か
↓		
(2)	〈アプローチ〉	学問体系での位置づけはどうなっているか
		（すでにどのような研究がなされているか）
↓		
(3)	〈到達点の設定〉	何を明らかにするか＝自分なりの結論

5.2　「渡辺研究室ホームページ」を利用する

URL:https://park.saitama-u.ac.jp/~watanabe/ （参照日2022年11月21日）

　図5.1の埼玉大学経済学部「渡辺研究室」では，2019年度より，「経済情報リテラシー」の講義に準拠したホームページを開設・公開しています。授業中に頻繁に使うので，ブックマーク（お気に入り）の登録をしてください。Google ChromeやMicrosoft Edge上で「Ctrl」＋「d」でより早く登録ができます。

図5.1　「渡辺研究室」のホーム画面

出典：URL：https://park.saitama-u.ac.jp/~watanabe/ （参照日2022年11月21日）

　ホームページは，主に7つのコンテンツから構成されています。

表5-2　「渡辺研究室」のホームページのコンテンツ構成

①	ホーム	トップページに遷移します
②	資料検索の流れ	必要資料を得るための検索方法を，フローチャートを用いて説明しています
③	資料検索	資料検索の手順を項目別に行うことができるページです
④	学生用ページ	講義資料や映像，学内限定のデータベースなどを紹介します（要パスワード）
⑤	便利リンク集	資料検索や情報検索に活用できる様々なリンクを紹介しています
⑥	お問い合わせ	ホームページに関する問い合わせやレファレンスの利用ができます
⑦	Q&A	よくある質問を随時更新しています

　資料検索の流れをわかりやすく解説しているほか，講義で扱う各項目に関する情報や講義に関連する動画の配信，便利リンク集などから構成されています（表5-2）。「経済情報リテラシー」の講義期間中の閲覧だけでなく，レポートや論文作成の資料検索，他の講義やゼミナールなどでの学修の場面に活用してください。

　また資料検索で不明な点がある場合，お問い合わせページから質問を送ることもできます。

5.3　キーワードを見つける（ジャパンナレッジLib）

　ジャパンナレッジLibの基本検索を利用して，自分が興味のある分野のキーワードを検索してみましょう。ヒットした検索結果から気になる見出し語を選択し，解説文を読みながら，関連する用語や周辺領域の用語を確認します。図5.2のように検索バー左側が「見出し」となっている場合は，見出し語が検索され，その結果が表示されます。見出し語で検索結果が得られない場合には，「全文」に切り替え，全文検索を実行します。

　図5.2では，「ガチャガチャ」の検索結果を示しています。ガチャガチャは愛称であるので，これを解説している見出し語がないか探します。図5.2の検索結果5.には，ガチャガチャについて説明した項目があり，クリックすると，「カプセルトイ」や「カプセル玩具」と呼ぶことがわかります（図5.3，図5.4）。

図5.2　ジャパンナレッジLibにおいて「ガチャガチャ」を見出し語で検索した際の結果
出典：URL：https://japanknowledge.com/lib/search/basic/index.html?q 1=%E3%82%A
C%E3%83%81%E3%83%A3%E3%82%AC%E3%83%81%E3%83%A3&r 1=1&phrase=
0&sort=1&rows=20&pageno=1&s=s（参照日2022年11月21日）

図5.3 「ガチャガチャ」の見出し語解説（『デジタル大辞泉』の例）
出典：URL：https://japanknowledge.com/lib/display/?lid＝2001003370200（参照日2022年11月21日）

図5.4 「カプセルトイ」の見出し語解説（『デジタル大辞泉』の例）
出典：URL：https://japanknowledge.com/lib/display/?lid＝2001025498800（参照日2022年11月21日）

　「ジャパンナレッジLib」は，辞書・事典を中心にした知識源から，「知りたいこと」にいち早く到達するためのデータベースです。このデータベースには，経済・経営系の学生にとって有用なコンテンツが多数収録されています。この活用ガイドでは，用途を「用語・知識」・「企業情報」・「統計・年鑑」・「経済誌の記事」の４つに分け，経済・経営系の学習者の利用に特化したコンテンツを紹介しま

す（表5-3）。ぜひ「ジャパンナレッジLib」を活用してください。

表5-3　ジャパンナレッジLibの活用術

用途 ニーズや活用できるシチュエーション	収録物の名称	（上段）収録物の説明
		（下段）収録物の特色
用語・知識 (1)　キーワードを探したい (2)　用語の意味を知りたい (3)　用語の定義を知りたい	現代用語の基礎知識	基礎語から専門語までを分野別に解説した事典
		用語の定義に特化。新語・流行語，時事用語も対応
	情報・知識imidas	最新の用語を約140の分野別に分類・解説した事典
		用語の成り立ち，背景，今後の展開を専門家が解説
	角川類語辞典	見出し語の"意味"に対する体系的な分類・配列
企業情報 (1)　企業の特色を知りたい (2)　企業の財務内容を知りたい (3)　企業の動向を知りたい	会社四季報	日本の全上場企業の特色や業績・財務内容を網羅
		企業分析や就職活動に役立つ多様な情報を掲載
統計・年鑑 (1)　国や地域の基礎データがほしい (2)　経済や産業のデータがほしい (3)　統計データを経年比較したい	日本統計年鑑	戦後の国内統計データを通覧できる総合的な統計書
		国土・人口・経済・社会など30分野500統計を収録
	日本長期統計総覧	明治〜平成に至る国内統計の時系列データの集大成
		体系的に蓄積された経年データは統計分析に役立つ
	日本/世界国勢図会	国内外の社会経済情勢を表・グラフで解説した統計書
		労働・産業・貿易・財政・金融のデータも豊富に含む
経済誌の記事 (1)　国内外の経済情勢を知りたい (2)　学者らが書いた記事を読みたい (3)　経済事象を読み解きたい	週刊エコノミスト	創刊90年以上の歴史を持つ日本を代表する経済誌
		学者や民間のエコノミスト・アナリストの鋭い分析が特徴

5.4　キーワードの重要性

　これからレポートや論文を執筆する機会が多くなりますが，その際，念頭においてほしいことがあります。それは，「キーワード」の重要性です。レポートや論文を書く際には，さまざまな手段を用いて情報を収集します。紙媒体の図書や論文を参照する場合もありますが，電子情報を検索して情報を獲得することもあります。その場合，もっとも効果的に有益な情報を得るために不可欠なのが，適切なキーワードを用いて検索することです。例えば，おもちゃを作るメーカー・産業についての情報が必要な場合，「おもちゃ」と検索しても，得られる有益な情報はわずかでしょう。学術的な文献に用いるにしては，やや稚拙な単語であり，かつ「おもちゃ」よりも適切な単語があるからです。ここでは「玩具」という言葉を利用します。

　では，より適切な用語が思いつかないとき，どうしたらよいのでしょうか。このような場面で活用したいのが，類語辞典やシソーラス（統制語辞典）です。ここでは，紙の類語辞典（『角川類語新辞典』など）に加え，インターネット上で簡単に検索できるWeblio類語辞典を紹介します。

5.4.1　紙の辞典（『角川類語新辞典』，『ことば選び実用辞典』など）

　類語辞典は，見出し語の"意味"を体系的に分類・配列している点に大きな特徴があります（一般的な辞典は見出し語の50音順で配列されています）。そのため，ある言葉がどのようなカテゴリーに位置づけられるのかが把握しやすく，意味の近い前後の見出し語を比較することができます。したがって，より文章に沿った適切な語を調べたいときに有用です。また，見出し語ごとに，その言葉が使われる場面を想定しているため（言葉の位相といいます），文章で使うべき用語を探すことも容易です。例えば，「幼児語」，「口語」，「文語」，「文章語」，「日常語」などの区分があります。

　この類語辞典を用いて，前出の「おもちゃ」を引いてみます。図5.5の類語辞典には50音順の索引があり，調べたい用語をまず索引で調べます。結果，図5.6の見出し語にたどり着きます。見出し語には，簡単な語釈と用例，言葉の位相などが記載されています。最近では，ポケット版の辞典も出版されており，例えば，学研辞典編集部編（2003）『ことば選び実用辞典』学研プラス刊（図5.7）は使い勝手がよく，執筆の際に傍らに置いて都度参照するのにおすすめです。

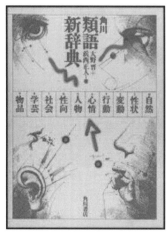 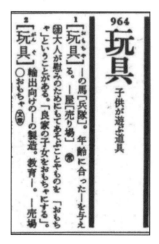 

図5.5　『角川類語新辞典』　　　図5.6　類語辞典の見出し語の例　　　図5.7　『ことば選び実用辞典』

図5.5画像　出典：『角川書店ホームページ』〈https://www.kadokawa.co.jp/product/ 199999011700/〉（参照日2022年11月21日）

図5.6本文　出典：大野晋，浜西正人（1981）「玩具」『角川類語新辞典』角川書店，p.772

図5.7画像　出典：『学研出版サイト』〈https://hon.gakken.jp/book/ 1230167600〉（参照日2022年11月21日）

5.4.2　インターネットの辞典（Weblio類語辞典）

URL：https://thesaurus.weblio.jp/（参照日2022年11月21日）

　紙媒体の辞典を使う以外に，インターネット上で類語辞典を引くことも可能です。図5.8のWeblio類語辞典はその一例です。検索バーに調べたい単語を入れて検索するのが基本ですが，「類語辞典索引」も利用できます。ここで「探す」という言葉の類語を調べると，表5-4のような類語がヒットします。

図5.8　Weblio類語辞典

出典：URL：https://thesaurus.weblio.jp/（参照日2022年11月21日）

表5-4　Weblio類語辞典　検索結果の例

Weblio類語辞書	byweblio
探す	

意義素	類語・類義語・言い換え・同義語
所在不明の対象を見つけ出そうとあちこち尋ね回ること	追求・探求・探す・探索・探査・捜索・探しまわる・追い求める・クエスト
欲しい情報などを手に入れようとすること	見つけようとする・見出そうとする・探しまわる・探す・求める・調べる
欲しい物を得ようとしてあちこち動き回ること	漁る・貪る・探す・求める・物色する・探し回る・捜し求める・探し求める・捜す・捜し回る・嗅ぎ回る
条件に合う人材を必要としている、と告知するさま	探す・募る・募集する・応募を待つ・どしどし御応募ください

出典：URL：https://thesaurus.weblio.jp/content/%E6%8E%A2%E3%81%99（参照日2022年11月21日）

　検索結果をみると，「探す」という言葉がもつ意味ごと（これを「意義素」といいます）に，類語が表示されているのがわかります。例えば，「欲しい情報などを手に入れようとすること」という意味で「探す」を使った場合，この検索結果だけでは不十分かもしれません。すなわち，論文やレポートで使うような熟語としての言葉を知りたければ，結果に出てきた「求める」や「調べる」を再度，類語辞典で検索します。また，Weblio類語辞典で検索すると，「日本語Wordnet」（国立研究開発法人　情報通信研究機構が提供）の結果も表示されます。この結果から，熟語としては，「探究」や「探索」，「検索」などが適切な単語であることがわかります（表5-5）。

表5-5　日本語Wordnet　検索結果の例

捜すか、捜索する	詮索・探検・捜す・視る・捜査・見る・サーチ・探究・探索・探し回る・調べる・捜索・探る・検索

出典：URL：https://thesaurus.weblio.jp/content/%E6%8E%A2%E3%81%99（参照日2022年11月21日）

　英語の文章を書くときに同じ単語を何度も使用しないのと同様に，日本語で書くレポートや論文でも，同じ単語の繰り返しはできる限り避けます。その際，類語辞典は，より適切な言葉を調べるという用途にとどまらず，言い換えの表現を知るための重要なツールになります。また，言い換えの表現

を多く知っているほど，情報検索もしやすくなり，欲しい情報にアクセスしやすくなります。

5.5　収集した情報の整理

　レポートや論文の執筆に必要となる情報は，執筆の分量が多くなるほど，そして扱うテーマについて深くリサーチするほど膨大になっていきます。したがって，収集した情報が必要なときにスムーズに利用できるように体系化して整理する必要があります。

　簡単な整理方法として，検索結果や書誌情報，文献そのものやデータベースから得た情報などをWordファイルに切り貼りしていく方法があります（図5.9）。2,000字程度のレポートであれば，この方法で十分対応できます。無造作に切り貼りをしているように見えますが，CiNii Researchの結果や図書館の所蔵情報をまとめて記載しておけば，実際に図書館を訪問して文献を探す際に有用です。また，切り貼りした情報について，著者名の50音順に並びかえて体裁を整えれば，参考引用文献リストの作成も容易です。

図5.9　検索結果をWordに切り貼りした例

　収集した情報が多い場合や継続的に情報を収集する場合には，Excelシートなどに項目別に情報を整理するとよいでしょう（表5-6）。その際，収集した日付やその情報に関するキーワードを付しておくと，時間が経過しても探しやすくなります。また，Excelシートの検索機能を活用することで，キーワードから関連する情報を得ることができます。Wordに切り貼りする簡易的な収集法と同様，参考引用文献リストに記載することを考慮して，著者名や収録刊行物名，発行年，掲載ページなどの情報は必ず記録しておきます。

表5-6　収集した資料の情報をExcelシートに整理した例

週	区分A	区分B	文献名	取得日時	出典・備考
12	10	CFM	論文	瀬藤康嗣『音楽とクラウド・ファンディング：音楽家とファンの新たな関係』（2014.3）	2017/6/26	フェリス女学院大学音楽学音
13	11	CF	論文	A cross-cultural comparative analysis of crowdfunding projects in the United States and South Korea	2017/6/28	
14	12	CFM	論文	A rewarding experience, Exploring how crowdfunding is affecting music industry business models	2017/6/28	
15	13	文化経済学	論文	Past, present and future, music economics at the crossroads	2017/6/28	
16	14	CF	新聞記事	企画をネットに資金を募る クラウドファンディング（2012.3.2 読売）	2017/6/28	
17	15	CFM	電子記事	日本脱出の指揮者 クラウドファンディングで国内船始（2017.7.1 日経スタイル）	2017/7/3	https://style.nikkei.com/ar
18	16	CFM	HP	『凄腕若手プレイヤーが集結！東京からクラシックをアツくするオーケストラ計画！』	2017/7/3	https://camp-fire.jp/projec
19	17	CF	HP	『儲けたい人に教えたい！』運営者が語った最新クラウドファンディング事情（2017.7.13 ホウドウキョク）	2017/7/14	https://www.houdoukyoku.
20	18	メセナ	雑誌論文	横浜市経済局担当企画課『新しい事業のつくり方 多様な資金調達の推進 クラウドファンディングによる資金調達支援スキームの構築』（2015.5）	2017/7/14	地方自治職員研48(5), 35-
21	19	メセナ	総覧	『CSR企業総覧 2017年版』（『りそなホールディングス』，『武蔵野銀行』 pp.2178~2181, 2192~2195）	2017/9/8	週刊東洋経済 増刊
22	20	文化経済学	論文	永山晋『クリエイターの価値創造を促すコミュニティのダイナミクス-日本の音楽産業の事例研究-』（2016.11）	2017/9/25	経済論叢（京都大学）第190
23	21	メセナ	論文	熊倉純子『企業メセナの視点から見た，日本の地域の動き』	2017/9/28	文化経済学 第3巻第2号（過
24	22	文化経済学	論文	伊志嶺絵里子『日本の音楽祭の活動状況とマネージメントに関する一考察-市民参加，追加のあり方について-』	2017/9/28	文化経済学 第5巻第1号（過
25	23	文化経済学	論文	砂田和道『クラシック音楽におけるアウトリーチ活動とそれに関わる音楽家養成の課題』	2017/9/28	文化経済学 第5巻第3号（過

このほかにも，目録カードを作成する方法や紙資料としてファイリングするなど，情報の整理方法は複数あります。収集した情報を，時間が経過してもスムーズに取り出せる方法を見つけることが大切です。

5.6　CiNii（サイニィ：国立情報学研究所学術情報ナビゲータ）

URL：https://cir.nii.ac.jp（参照日2022年11月21日）

CiNiiは，国立情報学研究所が提供する，研究データ，論文・記事，本（図書・雑誌），博士論文，プロジェクトを掲載したデータベースです。検索する用途に応じて，表5-7のように3つに大別されます。自分が欲しい資料を探すためにはカテゴリーを有効に活用する必要があります。理解を深めるために，CiNiiに関してはQ&Aで説明します。

表5-7　CiNiiの3類型

CiNii Research　…　日本の論文・記事を検索します。

国内の学協会刊行物に掲載された論文と，国内の大学等が刊行する研究紀要，国立国会図書館の雑誌記事索引データベースなどを含む膨大なデータから検索することができます。季刊誌や月刊誌，週刊誌の論文・記事を検索することもできます。「論文をさがす」とありますが，記事も含まれています。

CiNii Books　…　大学図書館等に所蔵の図書・雑誌を検索します。

全国の大学図書館等が所蔵する図書や雑誌等の情報を提供するサービスです。最近の本だけでなく，古典籍，洋書，CD，DVDなども幅広く検索することができます。

CiNii Dissertations　…　日本の博士論文を検索します。

国内の大学や学術機構が授与した博士論文の情報を検索できます。国内の機関リポジトリで公開されている博士論文，国立国会図書館が所蔵する博士論文を一括して検索することができます。
先行研究が少ない "先進的な研究" の文献が必要な場合に有用です。

Q1．なぜCiNii Researchを使わなければなりませんか？

A．大学にて学術的な議論を行い，それを文献の形で論証するためには，最新の学術的な研究に触れる必要があります。図書の場合，出版まで必要とする期間や手続きが多いので，媒体の特性上最新

の情報を伝えるものとしては適切ではありません。それに対して学術論文や記事の場合，媒体の特性上公開までの手続きが図書よりは簡単であり，出版の頻度も高いので最新の情報を伝えることに向いています。したがって，大学にてアカデミックな議論を行うためには，CiNii Researchを通じて最新の学術的な研究を読む必要があります。

図5.10　CiNii Researchのトップ画面
出典：URL：https://cir.nii.ac.jp/（参照日2022年11月21日）

Q2．CiNii Researchに載っている情報は信頼できますか？

A．雑誌の場合，研究者ではない人の記事と研究者による記事などが混合されており，著者によって学術的な信頼性は異なります。しかし，CiNii Researchの「論文」というカテゴリーに載っている資料の中には学術論文が多くあり，研究者による研究成果です。特に，学術誌に掲載されている論文は，査読（peer review）という他の研究者による検証が行われたものなので，学術的な信頼性も担保できます。

Q3．CiNii Researchにてほしい資料を探すためにはどうすれば良いですか？

A．まずは，CiNii Researchに移動した後，検索バーにキーワードを入力し，「検索」ボタンを押します。図5.11では，「アジア　社会発展」というキーワードを検索した結果を示しています。このように，複数のキーワードで検索したい場合には，「アジア　社会発展」のように，キーワードとキーワードの間に空欄を入れて検索します。

図5.11　CiNii Researchの検索結果画面
出典：URL：https://cir.nii.ac.jp/all?q=%E3%82%A2%E3%82%B8%E3%82%A2%E6%96%B0%E8%88%88%E8%AB%B8%E5%9B%BD（参照日2022年11月21日）

その後，論文を探すつもりなので，図5.12のように「論文」というカテゴリーを選択します。

図5.12　CiNii Research にて検索結果のカテゴリーを「論文」で選択した画面

出典：URL：https://cir.nii.ac.jp/articles?q=%E3%82%A2%E3%82%B8%E3%82%A2%E3%80%80%E7%A4%BE%E4%BC%9A%E7%99%BA%E5%B1%95&sortorder=0（参照日2022年11月21日）

　検索結果の中で，入手したい論文記事を探してクリックすると図5.13のような画面へ移動します。図5.13のように「収録刊行物」の方を見ると，「社会科学論集／埼玉大学経済学会　編（165・166），17-29，2022-03」という記載が確認できます。これは，『社会科学論集』という学会誌の中でも，「埼玉大学経済学会」が出版しており，2022年度3月に出版された165・166号の17-29頁にこの論文が掲載されていることを表しています。

図5.13　CiNii Research にて入手したい論文をクリックした画面

出典：URL：https://cir.nii.ac.jp/crid/1520855132301456512（参照日2022年11月21日）

Q4．CiNii Research にて検索した資料はどのように入手しますか？

A．資料の入手には電子ファイルでの閲覧と紙媒体での閲覧の二つに分かれます。まず，電子ファイルでの閲覧のためには，「DOI」や「機関リポジトリ」に対する理解が必要です。「DOI（Digital

Object Identifier)」とは学会誌や出版物のデジタルオブジェクト識別子と言い，「機関リポジトリ（repository）」とは研究者が所属している大学や研究機関がその研究成果を公開している電子アーカイブシステムであり，どちらもオンライン上で電子ファイルでの閲覧ができます。従って，CiNiiで検索した論文や記事の下側に，図5.14のようにオレンジ色の「DOI」「機関リポジトリ」というボタンがある場合，オンライン上でそのまま閲覧ができます。しかし，「DOI」や「機関リポジトリ」ではない場合，紙媒体の入手が必要であり，その方法は以下の順番で行います。①埼玉大学図書館にて直接入手，②埼玉大学経済学部研究資料室にて直接入手，③他大学図書館に文献複写依頼，④国立国会図書館オンラインに文献複写依頼，⑤レファレンスカウンターに相談し，最寄りの公共機関にての所蔵を確認，などです。

図5.14 「DOI」「機関リポジトリ」のボタン

Q5. 埼玉大学図書館にて直接入手するにはどうすれば良いですか？

A. 図5.13で検索した論文【井原基（2022-03）「アジア新興諸国におけるビジネスと社会発展」『社会科学論集』埼玉大学経済学会，（165・166），pp.17-29】を埼玉大学図書館にて入手するには以下の過程が必要です。まず，図5.15のようにCiNiiで検索した結果から，「OPAC」をクリックします。

図5.15 CiNiiでの検索結果から直接に「OPAC」をクリック

出典：URL：https://cir.nii.ac.jp/crid/1520855132301456512（参照日2022年11月21日）

図5.16の雑誌所蔵を見ると，所在として「図書館」（埼玉大学図書館）と「経済」（この場合は埼玉大学経済学部研究資料室）の両方が確認できます。「図書館（雑誌-紀要-和）」というのは図書館の

中でもこの学術誌が所蔵されている位置を表します。所蔵番号「1-167+」が示す内容とは，1号から167号まで所蔵されている上に，「167+」のように167号以上の号も継続して所蔵されていることを表します。年次「1958-2022」というのは所蔵されている学術誌の出版年度を表します。但し，継続の「+」マークが所蔵巻号にある場合は，「2　経済　1958-1999」と記されてあっても以降の2000年からも所蔵されています。請求記号「SAITAMA」とはこの学術誌が並んでいる順番を表します。図書館にて学術誌などの資料はアルファベット順に配架されているので，この請求記号を利用して資料を簡単に見つけることができます。図書館にて資料を探すより詳しい方法は「2章　埼玉大学の施設案内」を参照してください。

NCID	AN00109186
タイトル	社会科学論集 / 埼玉大学経済学会||シャカイ カガク ロンシュウ
創刊・終刊	創刊号 (1958.3)-
出版者	浦和 : 埼玉大学経済学会 , 1958.3-
形態	冊 ; 21-26cm

雑誌所蔵

	所在	所蔵巻号	受入継続	年次	請求記号	備考
1	図書館(雑誌-紀要-和)	1-167+	継続	1958-2022	SAITAMA	
2	経済	1-98+	継続	1958-1999	305:Sy	

図5.16　CiNiiから埼玉大学OPACに移動したページ

出典：URL：https://opac.lib.saitama-u.ac.jp/Main/Magazine?book_id=MG 003804&q=5&qt=1&qp=0&qv=50&qs=sort_title&qd=0（参照日2022年11月21日）

Q6．直接埼玉大学OPACで学術誌を検索するにはどうすれば良いですか？

A.（1）　まず，CiNiiを通じて，自分が読みたい論文の著者名・タイトル・学術誌名・巻号・発行年度等を調べます。

（2）　その後，埼玉大学OPAC（Online Public Access Catalog；オンライン蔵書目録）に移動します。次頁図5.17のURLからの直接アクセスや，渡辺研究室ホームページからの経由，検索エンジンで「埼玉大学OPAC」を検索をしてアクセスして下さい。

（次頁につづく）

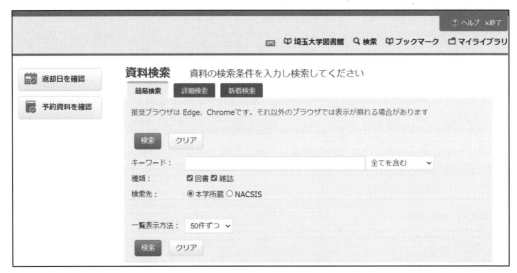

図5.17　埼玉大学OPACの画面

出典：URL：https://opac.lib.saitama-u.ac.jp/Main/Search（参照日2022年11月21日）

　埼玉大学OPACにて論文が掲載されている学術誌を検索する際には論文名ではなく，『社会科学論集』のように学術誌名や雑誌名で検索します。図5.18のように，種類を「雑誌」に限定して『社会科学論集』を検索してみます。

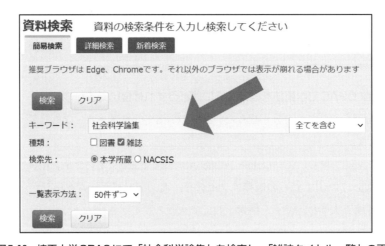

図5.18　埼玉大学OPACにて「社会科学論集」を検索し，「雑誌タイトル一覧」の画面

出典：URL：https://opac.lib.saitama-u.ac.jp/Main/Search（参照日2022年11月21日）

　すると，図5.19のように「検査結果一覧」に同名の多くの『社会科学論集』が検索されます。この場合には，自分が探している論文の学術誌名のみではなく，出版社名までもきちんと確認しておく必要があります。

図5.19　埼玉大学OPACにて「社会科学論集」を検索した検索結果一覧

出典：URL：https://opac.lib.saitama-u.ac.jp/Main/Results?q＝11（参照日2022年11月21日）

Q7．CiNiiについて，より詳細に教えてください。

A．これからはCiNiiで検索した結果の詳細について説明していきます。図5.20では，調べたいテーマのキーワード（ここでは，「賃金」と「労働組合」）を検索した結果を示しています。検索結果から自分のテーマにあった論文，興味のある論文を選択すると，図5.21のようにその論文の詳細情報が表示されます。

図5.20　CiNii Researchで「賃金　労働組合」を検索した画面

出典：URL：https://cir.nii.ac.jp/all?q=%E8%B3%83%E9%87%91%E3%80%80%E5%8A%B4%E5%83%8D%E7%B5%84%E5%90%88&count＝200&sortorder＝0（参照日2022年11月21日）

検索して得られた論文の情報を正しく読み取るために，詳細画面の見方を，図5.21の番号（❶〜❹）と対応させて説明します。なお，図5.21には記載がない「オープンアクセス」と「抄録」についても，それぞれ❺・❻として解説します。

図5.21　CiNii Researchの検索結果の詳細画面

出典：URL：https://cir.nii.ac.jp/crid/1520293898804706816（参照日2022年11月21日）

❶　論文（記事）のタイトル・英題，著者名

図5.22　論文のタイトルと著者名の表示例

表5-8　タイトルと著者を表すアイコンとその説明

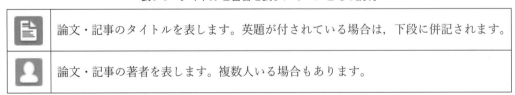

	論文・記事のタイトルを表します。英題が付されている場合は，下段に併記されます。
	論文・記事の著者を表します。複数人いる場合もあります。

❷　論文をさがす

図5.23　NDL ONLINEとCiNii Booksのアイコン

表5-9　CiNii Booksの説明

 CiNii Books	全国の大学図書館を対象として，この論文を含む図書の収蔵状況を検索するときに選択します。

図5.24　CiNii Researchの検索結果からCiNii Booksに遷移した場合の画面
出典：URL：https://ci.nii.ac.jp/ncid/AN 10409120?lang=ja（参照日2022年11月21日）

5.6.1　NDL（国立国会図書館）「インターネット限定利用者」登録マニュアル

　NDLでは，インターネットを利用して遠隔複写サービスを受けられる「限定利用者」制度があります。以下では，インターネット限定利用者の登録方法を説明します。

⑴　「NDL ONLINE」のページを開きます。インターネットの検索バーに，「NDL ONLINE」と入力して検索すると，「国立国会図書館オンライン」のページがヒットします。渡辺研究室ホームページからアクセスすることもできます。

図5.25　NDL ONLINEのログイン方法

出典：URL：https://ndlonline.ndl.go.jp/（参照日2022年11月21日）

(2)　図5.25のように，トップページ右上の「ログイン」をクリックし，図5.26の左下の「新規利用者登録」をクリックします。

図5.26　NDL ONLINEのログイン画面

出典：URL：https://ndlonline.ndl.go.jp/（参照日2022年11月21日）

(3)　図5.27のように，メールアドレスを入力し，注意事項に同意のうえ，送信をクリックします。

　　なお，大学卒業後も NDL ONLINE を利用する可能性がある場合には，個人のメールアドレスで登録してください。大学から付与されたメールアドレスは，卒業後に利用できなくなりますので注意してください。

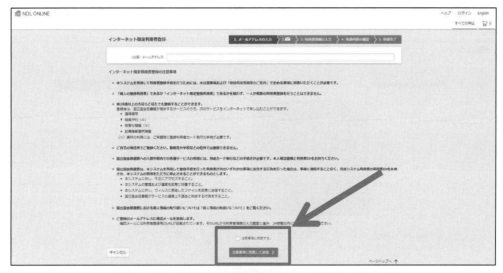

図5.27　NDL ONLINEの新規利用者のメールアドレス入力画面
出典：URL：https://ndlonline.ndl.go.jp/#!/userreg（参照日2022年11月21日）

(4)　(3)で入力したメールアドレス宛に，登録用のURLが届きますので，そのURLをクリックします。

(5)　図5.28のように，必要情報を入力し，「申請内容の確認へ」をクリックします。

図5.28　NDL ONLINEの新規利用者の情報入力画面
出典：URL：https://ndlonline.ndl.go.jp/#!/userreg（参照日2022年11月21日）

⑹　入力した内容に誤りがなければ，図5.29の「この内容で申請する」とクリックします。

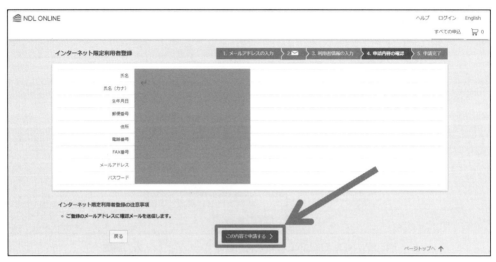

図5.29　NDL ONLINEの新規利用の申請内容の確認画面
出典：URL：https://ndlonline.ndl.go.jp/#!/userreg（参照日2022年11月21日）

⑺　図5.30のように，登録完了の画面が表示され，登録されたメールアドレス宛に「利用者登録ID」
が通知されます。

図5.30　NDL ONLINEの新規利用登録の申請完了画面
出典：URL：https://ndlonline.ndl.go.jp/#!/userreg（参照日2022年11月21日）

⑻　図5.31のように，「利用者登録ID」と「パスワード」を入力しログインすると，遠隔複写サービ
スが利用できます。

図5.31　NDL ONLINEにログインしたトップ画面
出典：URL：https://ndlonline.ndl.go.jp/（参照日2022年11月21日）

5.6.2　NDL（国立国会図書館）遠隔複写サービスの利用マニュアル

　NDLでは，インターネットを利用して遠隔複写サービス（有料）を受けることができます。以下では，NDLが提供する遠隔複写サービスの利用方法を説明します。

遠隔複写サービスを利用する前に

❶　利用したい資料が，「埼玉大学図書館」や「経済学部研究資料室」などに所蔵されていないことを確認する
❷　利用したい資料が，CiNiiやJ-STAGE，各機関のリポジトリに公開されていないことを確認する
※　❶・❷で利用できる資料は，NDLに請求する必要はありません。

(1)　CiNii Researchで記事・論文を検索し，NDL ONLINEにアクセスする場合

　図5.32の検索した論文・記事の詳細画面内，「**この論文をさがす**」の「**NDL ONLINE**」をクリックします。

図5.32　CiNii Researchの検索結果の詳細画面
出典：URL：https://cir.nii.ac.jp/crid/1520290883433050240（参照日2022年11月21日）

図5.33　CiNii Researchの検索結果からNDL ONLINEに遷移した場合の画面

出典：URL：https://ndlonline.ndl.go.jp/#!/detail/R 300000002-I 025793817-00（参照日2022年11月21日）

⑵　NDL ONLINEで記事・論文を検索する場合

　図5.34のように，NDL ONLINEで直接に論文・記事を検索する場合，メインページの検索バーを利用します。図5.35のように，検索バーの右側にある「詳細検索」をクリックすると，より具体的な検索ができます。

図5.34　NDL ONLINEで直接に論文・記事を検索する画面

出典：URL：https://ndlonline.ndl.go.jp/（参照日2022年11月21日）

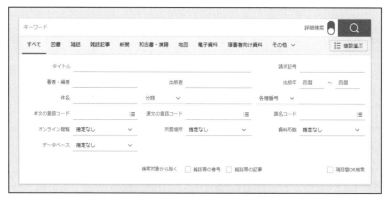

図5.35　NDL ONLINEの詳細検索

出典：URL：https://ndlonline.ndl.go.jp/（参照日2022年11月21日）

(3)　NDL ONLINEで遠隔複写サービスを申し込む

①　図5.36の画面右上の「**ログイン**」をクリックし，図5.37のように登録した「**利用者ID**」と「**パスワード**」を入力して，NDL ONLINEにログインします。

図5.36　NDL ONLINEの検索結果の詳細画面

出典：URL：https://ndlonline.ndl.go.jp/#!/detail/R 300000002-I 025793817-00（参照日2022年11月21日）

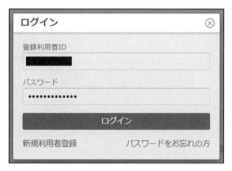

図5.37　NDL ONLINEの検索結果の詳細画面からログイン

出典：URL：https://ndlonline.ndl.go.jp/#!/detail/R 300000002-I 025793817-00（参照日2022年11月21日）

②　図5.38のように，検索結果の「**所蔵一覧**」から，「**遠隔複写**」をクリックし，カートに追加します。

図5.38　NDL ONLINEの検索結果の所蔵一覧

出典：URL：https://ndlonline.ndl.go.jp/#!/detail/R 300000002-I 025793817-00（参照日2022年11月21日）

③　「**複写箇所の入力**」を行います。図5.39のように，複写箇所が正しいかどうかを確認してください。表紙や目次，奥付は，参考引用文献リストの作成の際に有用なので，本文とあわせて複写を依頼しておきましょう。問題がなければ，「**申込カートに追加**」をクリックします。

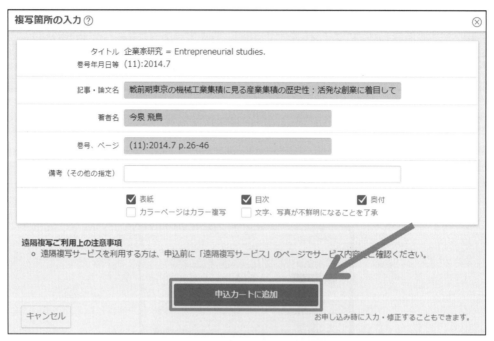

図5.39　NDL ONLINEで検索した論文の複写箇所の入力画面

出典：URL：https://ndlonline.ndl.go.jp/#!/detail/R 300000002-I 025793817-00（参照日2022年11月21日）

④　図5.40のように，必要な文献がカートに入ったら，「**申込カート**」を確認の上，「**申込手続きに進む**」をクリックします。一度に請求できる文献は30件までです。複数の文献を請求する場合には，すべてがカートに入ってから，申込手続をおこなってください。

図5.40　NDL ONLINEの申込カート

出典：URL：https://ndlonline.ndl.go.jp/#!/cart（参照日2022年11月21日）

⑤　「申込内容の入力」を行います。図5.41のように，発送先住所，メールアドレス，電話番号等が入力されていることを確認してください。最後に，「**使用目的**」を確認の上，チェックを入れてください。

図5.41　NDL ONLINEの遠隔複写申込内容の入力画面
出典：URL：https://ndlonline.ndl.go.jp/#!/rcopy?state=input（参照日2022年11月21日）

⑥　「**申込内容の確認**」を行います。

図5.42のように，内容に間違いがなければ，「**この内容で申し込む**」をクリックします。

図5.42　NDL ONLINEの遠隔複写申込内容の確認画面
出典：URL：https://ndlonline.ndl.go.jp/#!/rcopy?state=input（参照日2022年11月21日）

以上で手続きが終了します。通常7〜10日程度で郵送されます。受領後，代金（コピー代＋発送料等）を支払います。

5.7　CiNii Books　大学図書館の本をさがす

URL：https://ci.nii.ac.jp/books/（参照日2022年11月21日）

「CiNii Books」は，大学図書館に所蔵されている図書・雑誌を検索できるデータベースです（図5.43）。論文・記事を検索する際に利用したCiNii Researchとあわせて活用します。図書や雑誌名での検索も可能ですが，CiNii Researchと同様に，キーワードからも検索することができます。また，ISBNやISSN（p.11を参照）から図書や雑誌を検索することも可能です。

CiNii Researchで論文・記事を検索して詳細画面に進むと，図5.23のようにCiNii Booksのアイコ

ンが表示されます。このアイコンをクリックすると，図5.24のように所蔵図書館の一覧が表示されます。この一覧に「埼玉大学図書館」が含まれているかを確認します。埼玉大学図書館が含まれていれば，その資料が埼玉大学図書館に所蔵されている可能性があります。埼玉大学図書館のOPACリンク OPAC （図5.44）の緑色のアイコンをクリックし，所蔵状況などを確認します。埼玉大学図書館のOPACの詳しい利用法は，p.10以降で解説しています。

図5.43　CiNii Booksのトップ画面
出典：URL：https://ci.nii.ac.jp/books/（参照日2022年11月21日）

図5.44　CiNii Booksで検索した図書・雑誌が埼玉大学図書館に所蔵されている例
出典：URL：https://ci.nii.ac.jp/ncid/AN00109186（参照日2022年11月21日）

　検索結果で示された資料は，『社会科学論集』という名称の雑誌ですが，雑誌名を特定できても，探している論文がどの巻号に収録されているかが明らかでなければ，論文を入手することはできません。そこで，次項で説明する「収録刊行物」の情報を読み取れるかどうかが重要となるのです。なお，各図書館が所蔵している雑誌の巻号は，図5.44のように，「1-167＋」と表示されることがあります。「＋」は，その巻号以降の刊行物を継続して所蔵していることを表しています。したがって，この結果が表示されたときに「168号は所蔵がない」と判断するのは誤りとなります。

❸　収録刊行物

図5.45　収録刊行物の表示例

出典：URL：https://ci.nii.ac.jp/naid/40021637754（参照日2022年11月21日）

❹　各種コード

表5-10　CiNii Researchの検索結果に表示される各種コードとその説明

各種コード	説　　　明
NII論文ID（NAID）	国立情報学研究所が，「論文ごと」に割り当てた固有コード。
NII書誌ID（NCID）	国立情報学研究所が，「書誌ごと」に割り当てた固有コード。
本文言語コード	その論文がどの言語で書かれているかを示している。
雑誌種別	その論文が収録されている刊行物の区分を示している。
ISSN	逐次刊行物を識別するための固有コード。雑誌名に１つ割り当てられる。
NDL記事登録ID	国立国会図書館における記事登録用のID番号。
NDL請求記号	国立国会図書館における請求記号。国会図書館の資料の閲覧・複写依頼に必要。
データ提供元	この論文（記事）のデータの提供元を表す。NDLは国立国会図書館の略号。

　各種コードのうち，もっとも重要なものが「ISSN」（国際標準逐次刊行物番号；International Standard Serial Number）です。逐次刊行物のタイトルに対して付与される固有の番号で，資料検索やレファレンス・サービスの利用や文献複写依頼など，タイトルを特定する必要がある場合に活用します。

　❶～❹までで紹介した項目が，CiNii Researchで検索したときに表示される最低限の項目です。ここでは，さらに❺オープンアクセスと❻抄録について紹介します。

❺　オープンアクセス

図5.46　オープンアクセスのアイコンが表示される例

出典：URL：https://cir.nii.ac.jp/all?q=%E3%82%A4%E3%83%B3%E3%83%89%E3%83%8D%E3%82%B7%E3%82%A2%E3%80%80%E3%82%BB%E3%83%96%E3%83%B3%E3%82%A4%E3%83%AC%E3%83%96%E3%83%B3&count=200&sortorder=0（参照日2022年11月21日）

CiNii Researchで論文や記事を検索すると，図5.46の  のように，オレンジ色のアイコンが表示されることがあります。このアイコンが表示される論文・記事は，原則として，インターネットからアクセスして直接閲覧することができます。この仕組みを「オープンアクセス」といい，学術成果を広く一般に公開することを目的としています。詳細画面に進むと，図5.47のようなアイコンが表示され，「DOI（Digital Object Identifier）」や「機関リポジトリ」などの公開ページにアクセスできます。オープンアクセスによって得られる論文・記事がある一方，社会科学に関しては，実際に紙媒体の雑誌を参照する場合が多数あります。有用な研究や最新の研究動向は，依然，紙媒体の雑誌で発表されることが少なくないため，インターネット上で公開されないことも多いからです。

図5.47　アイコン例

❻　抄　　録

　学術論文では，論文の要旨をまとめた「抄録」（アブストラクト）を添付することが一般的です。CiNii Researchの検索結果でも，図5.48のように抄録が表示されることがあります。「抄録」の目的は，その論文が議論している内容について，全体像を示すことにあります。抄録を読むことで，論文全体を読む前にその論文がどのような内容を取り上げ，どのようなことを明らかにしているのかを大まかに把握することができます。自分が必要としている文献であるか，抄録を読んでから判断するのも有効な方法です。なお，抄録は本文が日本語の論文であっても，図5.48のように英文で書かれていることがあります。

図5.48　CiNii Researchの詳細画面および英語で書かれた抄録が表示される例

出典：今泉飛鳥（2008）「産業集積の肯定的効果と集積内工場の特徴：明治後期の東京府における機械関連工業を対象に」『歴史と経済』政治経済学・経済史学会，51巻1号，pp. 19-33
出典：URL：https://ci.nii.ac.jp/naid/110008897475（参照日2022年11月21日）

5.8　図書館で見当たらない資料は研究資料室まで必ず検索をすること

　埼玉大学図書館OPACに登録されている書誌情報は，経済学部研究資料室の所蔵状況を反映していないことが多くあります。そのため，埼玉大学図書館に所蔵がないと表示される場合にも，研究資料室には所蔵されているケースが少なくありません。論文（記事）を検索する際は，この点を念頭に置き，必ず研究資料室に所蔵がないかどうか確認してください。

　以下では，「埼玉大学図書館には所蔵がないと表示されるが，研究資料室には所蔵がある場合」を例にとり，検索の方法を紹介します。

⑴　CiNii Researchで，必要な論文を検索します。ここでは，図5.50のように「自治体」「LGBT」「施策」の3つのキーワードで検索する例を示しています。

　※　「キーワード」で検索する以外にも，著者検索や全文検索，詳細検索も可能です。

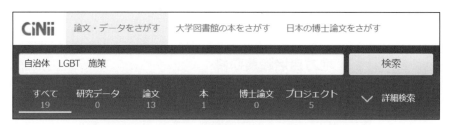

図5.49　CiNii Research検索バーにキーワードを入力する
出典：URL：https://ci.nii.ac.jp/（参照日2022年11月21日）

⑵　検索結果を参照し，利用したい資料を選択します（図5.50）。

図5.50　CiNii Researchでキーワードを複数入力した際の検索結果
出典：URL：https://cir.nii.ac.jp/articles?q=%E8%87%AA%E6%B2%BB%E4%BD%93%E3%80%80LGBT%E3%80%80%E6%96%BD%E7%AD%96&sortorder=0（参照日2022年11月21日）

⑶　図5.51のように利用したい論文（記事）の詳細画面を開きます。

図5.51　CiNii Research検索結果から論文の詳細画面を開く

出典：URL：https://ci.nii.ac.jp/naid/ 40021685028（参照日2022年11月21日）

⑷　図5.52のように詳細画面の下部に表示される，収録刊行物の情報（とくに『収録刊行物名』，巻号数）を記録します。

図5.52　CiNii Researchの詳細画面下部に表示される収録刊行物の情報

出典：URL：https://ci.nii.ac.jp/naid/ 40021685028（参照日2022年11月21日）

⑸　詳細画面の中央部に表示される，「CiNii Books」を選択すると，図5.53のページに遷移します。

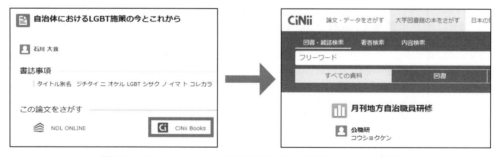

図5.53　CiNii Researchの詳細画面からCiNii Booksへの遷移

左図の出典：URL：https://ci.nii.ac.jp/naid/ 40021685028（参照日2022年11月21日）
右図の出典：URL：https://ci.nii.ac.jp/ncid/AA 11409044（参照日2022年11月21日）

⑹　開いたCiNii Booksのページ下部を参照し，埼玉大学図書館が表示されているか確認します。表示されれば，図5.54のように OPAC のアイコンをクリックします。表示されなければ，⑼の作業に進みます。

図5.54　遷移したCiNii Booksの下部に表示される大学図書館所蔵の情報
出典：URL：https://ci.nii.ac.jp/ncid/AA11409044（参照日2022年11月21日）

(7)　(4)で記録した，収録刊行物の情報を参照し，「雑誌所蔵」に該当する巻号数が所蔵されているか確認します。ここでは，『地方自治職員研修』51⑽すなわち51巻10号を探していますが，埼玉大学図書館には39（1，4）すなわち39巻1号，4号しか所蔵がないことがわかります（図5.55）。

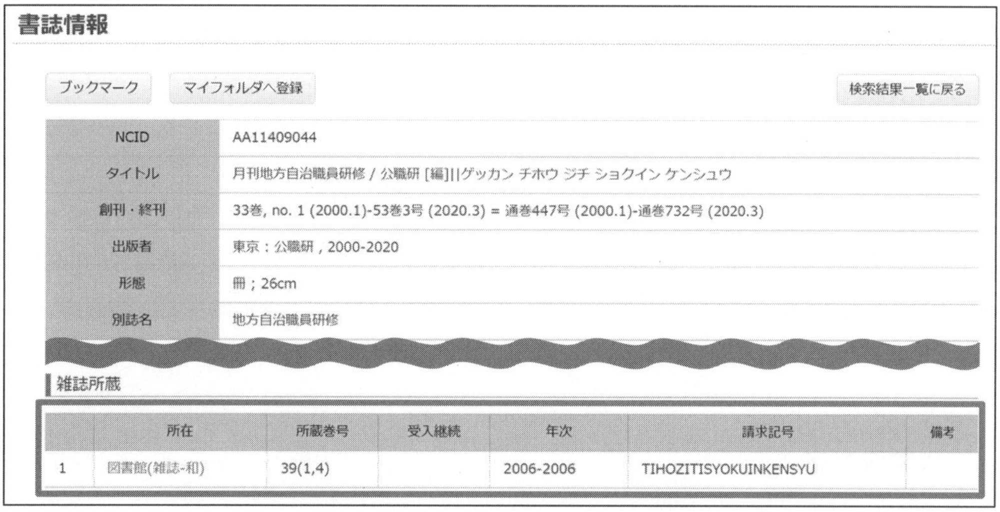

図5.55　埼玉大学図書館OPACの雑誌タイトル情報（所蔵情報）
出典：URL：https://opac.lib.saitama-u.ac.jp/Main/Magazine?book_id=MG013264&q=2&qt=1
&qp=0&qv=10&qs=sort_title&qd=0（参照日2022年11月21日）

(8)　OPACでの確認は，図5.53のようにCiNii Research上でCiNii Booksをクリックすることで確認できますが，それ以外にも，CiNii Research上でOPACのボタンがある場合には，図5.56のようにそれをクリックし，直接OPACで確認することができます。

図5.56　CiNii Research上で直接OPACをクリックする
出典：URL：https://ci.nii.ac.jp/naid/ 40021685028（参照日2022年11月21日）

⑼　(7)のような場合，埼玉大学経済学部研究資料室の「蔵書検索システム」で検索し，研究資料室に所蔵がないかまで確認をします。図書館に所蔵がなくても，研究資料室に所蔵されている場合があります。研究資料室の所蔵状況は，埼玉大学図書館OPACには反映されていないこともあるためです。

⑽　研究資料室の「蔵書検索システム」は，分類なしで検索することが可能です。しかし，検索結果があまりにも多い場合には，図5.57のように「分類」から該当するところを選択し，「タイトル」「図書館資料番号」に検索内容を入力してより詳細な検索をすることが可能です。また，発行年度などを参考し，「並べ替え」を調整してみることも良い方法です。

図5.57　研究資料室蔵書検索（埼玉大学経済学部研究資料室ホームページ）
出典：URL：http://www.eco.saitama-u.ac.jp/archivesearch/（参照日2022年11月21日）

⑾　⑷で記録した，収録刊行物の情報を図5.58のように「検索システム」で検索します。空欄などを入力しないと，検索されない場合があるので注意します。検索結果から自身が探している発行年月日や巻号などを確認します。

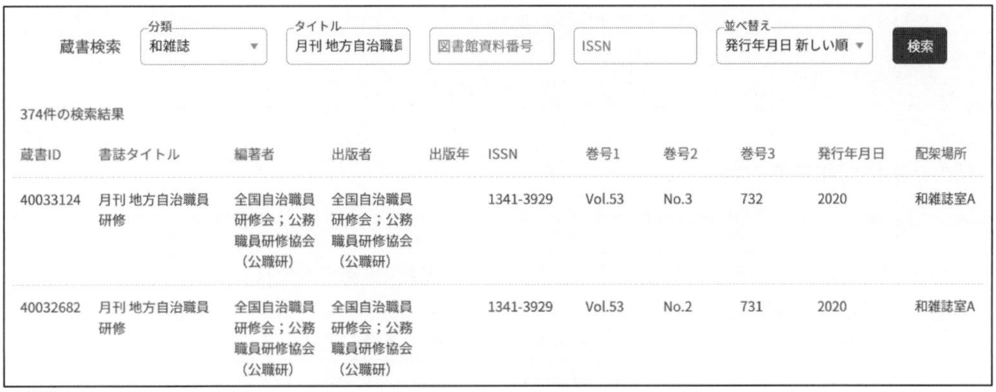

蔵書検索
分類
和雑誌
タイトル
月刊 地方自治職員
図書館資料番号
ISSN
並べ替え
発行年月日 新しい順
検索
374件の検索結果
蔵書ID　書誌タイトル　編著者　出版者　出版年　ISSN　巻号1　巻号2　巻号3　発行年月日　配架場所
40033124　月刊 地方自治職員研修　全国自治職員研修会；公務職員研修協会（公職研）　全国自治職員研修会；公務職員研修協会（公職研）　1341-3929　Vol.53　No.3　732　2020　和雑誌室A
40032682　月刊 地方自治職員研修　全国自治職員研修会；公務職員研修協会（公職研）　全国自治職員研修会；公務職員研修協会（公職研）　1341-3929　Vol.53　No.2　731　2020　和雑誌室A

図5.58　和雑誌の検索画面（研究資料室蔵書検索システム）

出典：URL：http://www.eco.saitama-u.ac.jp/archivesearch/?cat=&keyword=%E6%9C%88%E5%88%8A+%E5%9C%B0%E6%96%B9%E8%87%AA%E6%B2%BB%E8%81%B7%E5%93%A1%E7%A0%94%E4%BF%AE&num=&orderby=date_desc&search=%E6%A4%9C%E7%B4%A2（参照日2022年11月21日）

※「タイトル」の検索バーには，「雑誌名」のみの検索になっています。「ISSN」や「図書館資料番号」等の情報による検索を行うためには，ページの右上にある「蔵書検索」をクリックします。特に，雑誌名に寄っては，旧字体を含むものや標記が複数パターンに分かれるものなどがあり，入力によっては検索でヒットしない可能性があります。したがって，ISSNでの検索がもっとも有効といえます。

5.9　参考引用文献リストが示すことがら

大学で執筆するレポートや論文においては，執筆する際に利用した文献情報を一覧にして，文末に表示することになっています。これを参考引用文献リストといいます。詳細な記載のルールは10章で解説しますが，ここでは，参考引用文献リストが何を表すものかについて，簡単に触れておきます。

本書の論証型レポートの見本の文末には，「参考引用文献」と記載があります。そのうち，図書を1点，論文・記事を1点それぞれ例にとりながら，参考引用文献リストについて説明します。

● 図書の例

クリステンセン，クレイトンM［ほか］著；依田光江訳（2017）『ジョブ理論：イノベーションを予測可能にする消費のメカニズム』ハーパーコリンズ・ジャパン

● 論文・記事の例

米山茂美（2002）「ビジネス・ケース　小林製薬：イノベーションを生み出す組織と戦略」『一橋ビジネスレビュー』東洋経済新報社，49⑷，pp.144-169

● 何を記載するのか

参考引用文献リストには，次のような情報をもれなく，かつ形式に則って記載する必要があります。

- 著者は誰であるか
- いつ書かれた（出版された）か
- 「論文」，「記事」，『図書』『雑誌』のタイトルは何か
- どの機関（出版社や大学など）が発行したか
- その『図書』，『雑誌』のどこ（巻号やページ数）に掲載されているか

● 何のために記載するのか

参考引用文献リストを記載する目的として，次のような理由が挙げられます。

- 過去に明らかにされた研究成果と，新たに得られた研究結果を区別するため
- 執筆の参考図書や論文などを，読者が容易に参照できるようにするため
- その図書や論文の内容について，読者による再検証を可能にするため

5.10　テーマの設定方法

論証型のレポート課題が課されたら，まず，課題の条件に沿ったテーマを探し，そのテーマを論じるための論点を定める必要があります。次の①～⑦の手順を踏めば，テーマ探しから論点の設定までをスムーズに行うことができます。

メモ欄

表5-11　テーマ探しから論点設定までの流れ

□　①　授業の教科書や資料を参照し，テーマになりそうな項目を探す
　　　↓
□　②　シラバス※1の参考図書や担当教員の専門・研究領域※2を参照し，テーマになりそうな項目を探す
　　　↓
□　③　①・②で得た断片的な情報・キーワードから関連文献を調べ，実際に現物を参照する
　　　　　【ポイント】　CiNiiや大学図書館OPAC，各種データベースを積極的に活用する
　　　↓
□　④　③の作業をしながら，レポート作成に活用できそうな有用な文献，事例の豊富さを見極める
　　　　　【ポイント】　有用な文献の参考引用文献リストを参照すると，そのテーマの先行研究に近づく
　　　↓
□　⑤　①〜④を通じて，自分の興味や関心に近いテーマが見つかってくる。見つかったものをテーマに据える。見つからなければ，①〜④の作業を再び行う
　　　　　【ポイント】　テーマはできる限り**具体的かつ範囲を限定**する。テーマは絞った方が適した文献を得やすく，議論も深めやすい。すなわちレポートの完成度に直結する
　　　↓
□　⑥　⑤で見つかったテーマをどの視点から調査・分析するか検討し，再び文献などを検索・収集する
　　　　　【ポイント】　授業科目の分野の視点で調査・分析をすることになるが，その上で，どの時期や現象に着目するかで独自性が出る
　　　↓
□　⑦　⑥の作業を踏まえ，論点（切り口）を設定する
　　　　　【ポイント】　この際に，③で目を通した文献や事例の研究手法・分析手法が大いにヒントになる

※1　埼玉大学のシラバスは，「Web学生システム」〈https://risyu.saitama-u.ac.jp/portal/〉を通じて閲覧するか，「Webシラバス」〈http://syllabus.saitama-u.ac.jp/portal/public/syllabus/〉にアクセスして確認します。
※2　教員の専門や研究領域を調べるためには，「埼玉大学研究者総覧」〈http://s-read.saitama-u.ac.jp/researchers/〉を利用します。他大学にも同様の総覧が作成・公開されていることがあります。

　5章では，論証型レポート執筆の下準備として，キーワードを見つける方法やキーワードの重要性について触れながら，レポートのテーマと論点の設定について解説しました。さらに，キーワードをもとに，レポートの執筆に応じた具体的な文献の検索方法を解説しました。

メモ欄

6章　論証型レポートの執筆（担当：渡辺）

　6章では，いよいよレポートの作成に入ります。しかし，やみくもに文章を書き始めてもレポートは完成しません。質の高いレポートを作成するためには，まず下準備が必要不可欠です。その下準備として，まずアウトラインを作成します。さらに，論理展開や文献・データなどを盛り込んで「構成メモ」を仕上げ，執筆するまでの流れを説明していきます。

6.1　全体の構成，論理の組立

6.1.1　アウトラインの作成の手順

　テーマと論点の決定が済み，必要な文献の検索・収集ができたら，表6-1のようにアウトラインの作成を行います。アウトラインの作成は，レポートの骨格を形づくる重要なプロセスであり，レポートの執筆効率やレポートの最終的な完成度に大きく影響するので，できる限り丁寧に作成します。

　なお，必要な文献の検索・収集がある程度済んでいても，アウトラインや構成メモを作成してみると，さらに必要な文献等が明らかになる場合がほとんどです。その際は，新たに必要な文献等を収集し，その都度，構成メモに追加していきます。

表6-1　アウトラインの作成手順

□　①　テーマと論点，キーワードを確定し，序論に据える 　　　【ポイント】　どのようなテーマを取り上げ，どのような論点で議論するかについては，レポートの冒頭で述べる 　↓ □　②　どのような結論を据えるか，どのように結論に帰着するかを検討し，自分なりの結論を設定する 　　　【ポイント】　執筆の途中で微細な変更は生じうるが，つねに論理の整合性を確認する 　↓ □　③　①から②に至る過程を論じていく。テーマ・論点と結論を，論理一貫性をもった本文で埋めていくイメージ。自分が述べていく論理を補完する先行研究や理論，学説はないか，キーワードをもとにリサーチする。もし適切な文献があれば正しい方法で参照し，議論を円滑に進める 　　　【ポイント】　補完する先行研究等は，自分の主張と趣旨を同じくするものに限らない。難度は上がるが，反対の主張が抱える矛盾や限界を指摘して自己の研究の有意性を示すのも有効である。比較検討できる事例はないかどうかもあわせて吟味する

6.1.2　テーマはできる限り対象と範囲を絞る

　テーマは可能な限り対象と範囲を絞って設定するべきです。対象が広すぎると，何をリサーチして何を論じるべきかが曖昧になってしまうからです。複数の項目の羅列や表面的な議論よりも，範囲を限定して深い議論や考察を加えることに，学術的に大きな意味があるのです。

　「あまり絞ると参考資料がないのではないか」という声を耳にしますが，情報検索のスキル次第で適切な参考資料にたどり着くことは可能です。また，学術研究においては，対象をできる限り絞り込み，専門性の高い考察を加えているものが多いため，テーマに絞り込みをかけた方がより適切な文献を得ることができるといえます。例えば，「無印良品という企業について自分でテーマを設定してレポートを作成しなさい」という課題が課された場合を考えてみましょう。以下３つのテーマ例を挙げ

ました。

× 「無印良品の商品コンセプト」… どのような商品コンセプト？　どのように考察する？

△ 「無印良品の創造した新たな価値」… どのように新たな価値を創造した？　論点は？

◎ 「無印良品の反体制的商品コンセプトがもたらした新たな価値」… 何を論じたいかが明瞭である

　×や△の例では，対象が広く，テーマが十分に限定されていないことがわかります。

　以上を踏まえれば，「○○の△△について□□を探究・考察したい」というように複数の条件を含めて絞り込んでいくことがポイントになるといえます。キーワード単位での絞り込みも有効です。

6.1.3　アウトラインの作成例

　前述の「無印良品」を例にアウトラインを作成してみます（表6-2）。

表6-2　アウトラインの作成例

□ ① テーマと論点；無印良品の反体制的商品コンセプトがもたらした新たな価値 　【キーワード】　無印良品，反体制，コンセプト，価値創造 　↓ □ ② 検証する結論の設定；反体制的商品コンセプトを取り入れることにより，成功を収めている 　【着眼点】　・　無印良品の反体制的商品コンセプトとはいかなるものか 　　　　　　・　どのような商品コンセプトが無印良品の特徴であり強みであるか 　　　　　　・　新たな価値とは何だろうか 　　　　　　・　なぜ成功に結び付いているのか 　↓ □ ③ テーマ・論点につながる先行研究，理論，学説など 　　　　　　；商品コンセプト，価値創造，無印良品のケーススタディ

　このアウトラインの段階では，テーマと結論が大まかに定まったのみで，具体的な論点の決定には至っていません。そこで，ソリューションビジネスに関する研究や文献，無印良品のケーススタディをリサーチし，熟読します。そこから具体的な論点が見えてきます。

　リサーチで得ることができる情報には多様なものがあります。学術的な文献だけでなく，例えば対象が企業ならば，創業者・沿革（歴史）・理念・事業形態・株価・業績・CSRなどが基本情報となります。これらは，企業ホームページ（とくに，投資家向けIR情報），有価証券報告書（営業報告書や目論見書も含む），新聞や雑誌などの記事，社史，創業者らが執筆した本（自伝など）を中心に情報収集が可能です。

　加えて，

(1)　学術分野でどのように研究され，評価されてきたかを各種文献から拾い上げる

(2)　客観的な事実になりうるデータ（白書・統計・年鑑など）を収集する

(3)　活動を規定する制約や法律の存在，対立関係や業界の慣行，潮流などがないか

などもリサーチすることで，深い考察に資する情報を得ることができます。

6.1.4　構成メモの作成

　アウトラインの作成が済んだら，アウトラインに情報や文献などを反映した「構成メモ」の作成に入ります。構成メモが丁寧かつ論理的に作成されているほど執筆がスムーズになります。

　アウトライン同様，「無印良品」を例に説明します（表6-3）。

表6-3　構成メモ（無印良品の例）

タイトル：無印良品の反体制的商品コンセプトがもたらした新たな価値
1．はじめに 　①　無印良品の沿革…1980年に西友グループのプライベートブランドとして誕生，その後分離独立して「株式会社良品計画」が設立（良品計画2021，p.6） 　②　「わけあって，安い」と「感じ良い暮らし」によって新たな価値を創造している無印良品の本質は「反体制」，これが独自性に寄与（深澤2011，pp.105-109） 2．ブランドへのアンチテーゼとしての「わけあって，安い」 　①　「わけあって，安い」コンセプトは…アンチテーゼとしての意味合いを持つ 　　・　「わけ」は，無駄を省いたこと 　　・　低価格競争に乗らず，品質を落とさずリーズナブルな価格の商品開発（斎藤2004，p.5） 　②　「わけあって，安い」コンセプトの代表例 　　・　「われ椎茸」，「マッシュルーム」（有賀2000，p.7） 　　・　自転車 　③　商品を通じて，顕示的消費への疑問，ノーブランドの価値提示 3．大量消費社会へのアンチテーゼとしての「感じ良い暮らし」 　①　「感じ良い暮らし」の追求による有用的価値への重点移動の呼びかけ 　　・　商品の顕示的価値から有用的価値へのシフト 　　・　転換の背景…バブルの崩壊，安い商品の大量生産・大量消費が主流 　②　「感じいい暮らし」コンセプト 　　・　安いものを大量に消費する消費社会へ一石を投じる点で反体制的 　　・　商品開発の工夫…消費者と企業との主観的な交わり 　　・　「モノづくりコミュニティ」というアプリ 　　・　「体にフィットするソファ」はこれを通じて実現（西川2015，pp.111-112） 　　・　生活の質の向上に貢献，生活の質を追い求めるという新たな観点の提示 4．おわりに 　①　これまで述べてきたことのまとめ 　　・　基本理念…商いを通じた新しい価値の創造と社会貢献 　　・　「わけあって，安い」と「感じいい暮らし」が基本理念を象徴している 　②　無印良品の今後の展望と課題 　　・　海外展開…ノーブランド，素朴性，無印性によって人気を集めている 　　・　今後変化していく社会に対して無印良品がどのような姿勢をとるのか 　　→　時代の遍歴とともに歩んできたが，コロナ禍収束後の社会は未知

6.1.5　構成メモ作成上の注意点（パラグラフの論理構成）

　構成メモを作成する段階で注意することは，パラグラフ（段落）の論理構成です。

　論理的な文章の場合，パラグラフの最初の一文（主文）には，そのパラグラフでもっとも強調したいことを書き，2文目以降は，主文を具体的に説明する文章を続け，主文の理解を助ける引用や具体

例，データなど記述していきます。パラグラフの最終文は，そのパラグラフ全体の論理の流れを踏まえ，主文の内容のまとめを書きます。

冗長な書き出しや，パラグラフ内の論理関係が不明瞭な文章は，読者の理解の妨げとなるだけでなく，著者のスムーズな執筆をも妨げます。1つのパラグラフには1つのトピックを取り上げるようにし，複数取り上げたい場合は，段落を変えて別のパラグラフとして書き出します。

また，パラグラフ単位の論理構成だけでなく，パラグラフ同士の関係にも注意しましょう。とくに，一つの節に複数のパラグラフが含まれる場合には，前後の論理関係に加え，全体を貫く大きな論理関係との間に矛盾が生じないように注意を払います。

6.1.6　パラグラフ・ライティング

1つのパラグラフの構造を図解すると，図6.1のようになります。

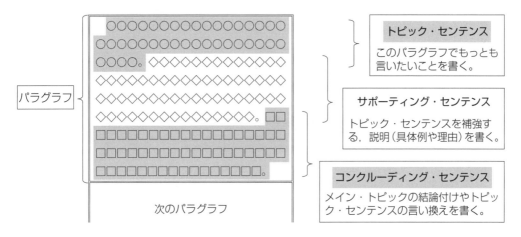

図6.1　パラグラフを構成する3種類のセンテンス

パラグラフの冒頭では，そのパラグラフのメイン・トピックについて端的に記述した，トピック・センテンスを配置します。次いで，トピック・センテンスを補強したり，説明したりするための具体例や理由などを記述した，サポーティング・センテンスを続けます。パラグラフの末文では，メイン・トピックの結論付けやトピック・センテンスを換言します。また，次のパラグラフがある場合には，それにつながるようなセンテンスを続けることもあります。これらを，コンクルーディング・センテンスといいます。

以上の3種類のセンテンスを意識して執筆することで，パラグラフごとのトピックが明確になります。パラグラフ間の論理的なつながりを鮮明にするためには，コンクルーディング・センテンスと次のパラグラフのトピック・センテンスの関係性に注目し，適切な接続詞を用います。

6.2　執筆（基本ルールや見出し付け）

これまでの作業が一通りできていれば，その順の通りに文章を書いていけばよいことになります。構成メモを書きあげたら一度通して読み，論理構成や論理関係に矛盾がないかよく確かめましょう。

矛盾がある場合には論理を組みなおし，文献やデータが不足している場合にはリサーチを行います。

　丁寧に構成メモを作成し，論理関係に問題がなくても，執筆の途中で別の有効なアプローチや視点が出てくる場合があります。その場合は，アウトラインを大きく逸脱しない範囲であれば，アウトラインを適宜修正・変更することも可能です。その際は，修正や変更によって事実関係や論理構成に矛盾が出ないように十分注意します。ただし，提出直前の変更はおすすめしません。

6.2.1　文章作成の基本ルール

(1)　パラグラフの最初の文の文頭は１マス空ける。

(2)　横書きで文章を書く際は，句点と読点の組み合わせを，次のいずれかのパターンに統一する（表6-4）。

表6-4　句点と読点の組み合わせパターン

表記パターン	句点	読点
パターン１	。(句点)	、(読点)
パターン２	。(句点)	，(コンマ)
パターン３	. (ピリオド)	，(コンマ)

(3)　レポートや論文においては，「ですます」調（敬体）は用いず，「である」調（常体）に統一する。

(4)　アルファベットやアラビア数字は，半角文字を使用する。

　例　Ｅｎｇｌｉｓｈ（×），English（○）

　　　２０１９（×），2019（○）

(5)　レポートや論文においては，感嘆符（！）や疑問符（？）は用いない。

6.2.2　見出しの番号付け

　文章量が長大になる場合や，記述する項目を分けて執筆する場合には，見出しを明瞭に付す必要があります。その際，見出しは，章，節，項の順に細分化し，次の例のように記載します（これをポイントシステムといいます）。

　例：1　　　　　→　第1章

　　　　1.1　　　→　第1章・第1節

　　　　　1.1.1　→　第1章・第1節・第1項

　上記のように章，節，項の3段階で細分化するのが原則ですが，さらに細分する必要がある場合は，（　）を用いて記載します。

　例：1.1.1　　→　第1章・第1節・第1項

　　　　(1)　　→　第1章・第1節・第1項 (1)

　　　　(2)　　→　第1章・第1節・第1項 (2)

6.3　脚注と後注

つづいて，「脚注」と「後注」について簡単に触れておきます。

「脚注」は，本文では説明しきれない部分を補うために説明を加えたい場合に用います。本文で記述するほどではないものの，脚注を付けることで読者の理解を補助できる内容であれば，各ページの下段に脚注として挿入します。

図6.2において，┌┄┄┄┐で囲んだ部分が脚注です。脚注を表す肩番号（上付き文字）は，文末（ただし句読点の前）または単語の末尾に挿入します。

例　・・・・である[1]。　／　・・・・であり[(1)]，　／　・・・・である[1)]。　［いずれも正しい］

例　・・・・である。[1]　／　・・・・であり，[(1)]　／　・・・・である。[1)]　［いずれも誤り］

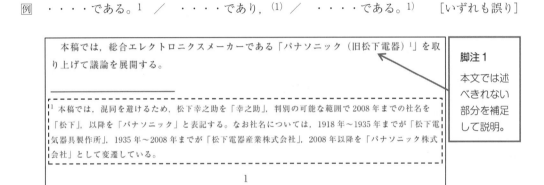

図6.2　脚 注 の 例

Wordを使って論文やレポートを作成する場合には，「参考資料」から「脚注の挿入」を選択します（図6.3）。本文のどの箇所に脚注を挿入しても，自動的に番号を整理して脚注を付けることができて簡便です。

図6.3　Wordの脚注挿入画面

一方，「後注」は，本文中に付した注を，章末や論文の末尾にまとめて記載する方法です。「後注」は，注を付した箇所の補足説明や参照すべき箇所を示すのが一般的です。図6.4において，┌┄┄┐で示した部分が後注です。

メモ欄

《注》

（1）　筆者（薄井）は，これまで，Saturn を英語読みで「サターン」と表記してきたが，わが国のカタカナ固有名詞は通常現地語読みを採用していることに鑑み，本稿では「ザトゥーン」と表記することにした。『日経 MJ』などでも近年こうした表記が散見されるようになっている。

（2）　わが国の研究では，アメリカの家電小売については，近藤（2003, Chap. 1），申（2006）などの分析がある。ヨーロッパの家電産業については，日本電機工業会（1990），佐藤（1990）などの報告があるが，ここには流通・小売部門の分析は含まれていない。だが，海外においても，ヨーロッパ家電流通全体の構造については，目立った分析は存在してこなかった。メディア＝ザトゥーンには，Zentes et al.（2007），Mantrala and Krafft（2010）などのケース・スタディがあるが，ディクソンズについては，Dawson and Usui（2008, 2009, 2011）がほぼ初のケース・スタディである。

（3）　同表は，ヨーロッパで一般的と思われる分類法に従って，ヨーロッパを，東，バルト 3 国，中欧，北，西，南の各地域に分類しているが，このような分類のみが唯一の地域分類であるわけではなく，たとえば，メディア＝ザトゥーンの年次報告書は，わが国でもなじみ深い西ヨーロッパ・東ヨーロッパという二分法を用いている。

（4）　厳密に言えば，英国の法律では，小売コーペラティブは「協同組合（co-operative）」として登録される点で，仕入れグループとは異なっているが，実態においては，両者はほぼ同一であるといってよい。

なお，わが国では，小売コーペラティブを，小売商主催ボランタリー・チェーンとして，ボランタリー・チェーンの概念に含める用語法が今日でもしばしば用いられるが，国際的には，ボランタリー・チェーンは，卸売主催ボランタリー・チェーンのみを意味し，小売コーペラティブは含めないことが多い。（卸売商主宰）ボランタリー・チェーンは，卸売商が小売商に対して垂直的なサービスを提供する組織であり，その見返りに小売商は当該卸売商から仕入れを行なうもので，小売コーペラティブ（仕入れグループ）とは性格が異なる。

（5）　これに対して，エクスパートの展開は，北アメリカ，南アメリカ，オセアニアを含むグローバルなものである。エクスパートは，1967 年に 6 つの小売業者の協同によってスイス，チューリッヒで設立され，1971 年に現在の組織名になったものであるが，2000 年には，合衆国（Associated Volume Buyers Inc. Los Angeles-USA），カナダ（Cantrex Group, Montreal, Canada）の業者との協同で，エクスパート・グローバル（Expert Global Inc.）を組織した（Expert 2003a, 2003b, 2003c）。特に，合衆国市場の占める比重は大きく，2010 年度時点で，エクスパート店舗数全体の 42 ％，売上高の 48％を占めている（Planet Retail 2010）。

（6）　Morgan Stanley（2004）の計算では，2004 年時点で，メディア＝ザトゥーンが平均 2,727 m² であったのに対し，ディクソンズが平均 724 m²，ケサが平均 1,302 m² であった。

（7）　Morgan Stanley（2004）は，2002 年のメディア＝ザトゥーンの粗利益率が 22％，ディクソンズが 29％，ケサが 30％であると推計しているが，メディア＝ザトゥーンの手形サイトは平均 117 日であるのに対し，ディクソンズが 47 日，ケサが 51 日であると推定している。この結果，「メディア＝ザトゥーンは，低い粗利益率による負の効果を…信じがたいほど高いレベルのネガティブ運転資金（negative working capital）によって相殺している」（p. 4）。

参照文献

薄井和夫，ドーソン，ジョン（2008）「ディクソンズ——ヨーロッパ家電小売チェーンの展開」マーケティング史研究会編『ヨーロッパのトップ小売業——その史的展開』同文館：183-208.

近藤文男（2003）『日本企業の国際マーケティング——民生用国際電子機器産業における対米輸出戦略』有斐閣。

佐藤圭一（1990）「成熟産業における企業間競争と成果——ヨーロッパ家電産業を例として」機械振興協会経済研究所『機械経済研究』21: 57-79.

申賢洙（2006）「ベストバイ——変化と改革を追求する家電小売の帝王」マーケティング史研究会編『現代アメリカのビッグストア』同文館：131-150.

日本電機工業会（1990）『ヨーロッパ家電産業の現状』（非売品）。

バート，スティーブ（2008）「メトロ——ヨーロッパ卸売・小売帝国の形成」マーケティング史研究会編『ヨーロッパのトップ小売業——その史的展開』同文館：83-114（岩本明憲訳）。

DATAMONITOR（2010），*Industrial Profile: Photographic Equipment in the Netherlands*, August,

34

図6.4　学術論文（薄井，ドーソン，2012）における後注の例

出典：薄井和夫，ドーソン，ジョン（2012-11）「ヨーロッパ家電小売業の競争構造：ユーロニクス，ディクソンズ，メディア＝ザトゥーンの国際化戦略」『社会科学論集』埼玉大学経済学会，137号，p.34

6.4　表　と　図

　レポートや論文では，本文の内容をよりわかりやすく伝えたり，データを明瞭に示したりするために，表（Table）や図（Figure）を用いることがあります（表6-5）。ただし，参照元や引用元にあるデータをそのままコピー・アンド・ペースト（スクリーンショットなども含む）するのではなく，自分自身で図や表を作成する（筆者作成）のが原則です。かつ，表や図の利用は，本文を補う最低限の範囲にとどめます（2,000字程度のレポートにおいては，表や図を挿入する余裕はありません）。また，表記方法に則って，表と図には見出しを付け，データの出典を明記します。最近では，表と図をまとめて「図表」と表記するものも見られますが，表と図は性格を異にするものですから，明確に使い分けを行うことが前提となります。

表6-5　表と図の定義

表（Table）の定義
　行と列による格子状であり，カテゴリーによって体系化された数または言葉でデータを示したもの
図（Figure）の定義
　表以外のすべての図表の種類で，チャート，グラフ，地図，写真，図面および図式を含むもの

（出所）　トゥラビアン，ケイトL.；沼口隆，沼口好雄訳（2012）『シカゴ・スタイル　研究執筆論文マニュアル』慶應義塾大学出版会，pp.497-498により一部筆者改変。

　表の場合は，キャプション（タイトル／見出し）は表の上部に，出典は表の下部に明記します（表6-6）。

表6-6　パナソニックの事業分類と売上高に占める割合（2018年度）

事業分類	売上高 （単位：百万円）	割合（％）
アプライアンス	2,588,425	29.4
エコソリューションズ	1,623,464	18.4
コネクテッドソリューションズ	1,119,291	12.7
オートモーティブ＆インダストリアルシステムズ	2,803,533	31.8
その他	675,866	7.7

（出所）　パナソニック株式会社『有価証券報告書』（第111期）p.83により筆者作成。
　（注）　割合は5つの事業分類の総売上高に占める数値である。

　図の場合は，図の下部に，キャプション（タイトル／見出し）・出典の順に明記します（図6.5）。

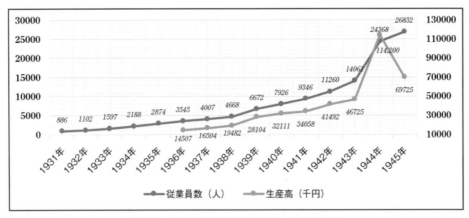

図6.5　従業員数と生産高の推移（1931-1945）

　（出所）　松下電器産業株式会社創業五十周年記念行事準備委員会編（1968）『松下電器五十年の略
　　　　　　史』p.9および平本（2008）「戦前戦時期松下の分社経営」『経営史学』p.4により筆者作成。
　（注）　1944年における生産高は，分社との再統合による合算された数値であると推測される。

6.4.1　表や図の出典情報を表記する場合は

　（出典），（出所），（資料）などと明記し，出典となった資料の詳細を記載します（表記のルールは，
10章の10.3参考引用文献リストの表記方法と同様）。なお，表，図いずれの場合でも，自分自身で
データを加工して作成し，出典資料の末尾には「筆者作成」という文言を加えます。

6.4.2　注を付したい場合は

　表6-6や図6.5のように，示した表や図について注釈を加えたい場合は，出典の下に注として記載
します。その際，（注）や（注釈）などと明示し，注であることがわかるようにします。

　表，図いずれの場合も，注釈は表，図本体の下部に記載します。

6.4.3　表や図の番号付け

　表や図は，本文の掲載順に一連の番号を付して整理します。番号を付すことで，参照すべき表や図
について本文で言及することができ，その言及によって読者が容易に表や図を参照することができま
す。

　番号を付す際には，同一のレポートや論文内で，同一の番号が複数生じないように注意します。必
要に応じて，例のように枝番号を付します。

　例　表2.1　→　第2章　第1表や，表2-1または，表2.1
　例　図1.1　→　第1章　第1図や，図1-1または，図1.1

　表と図の表記ルールを模式的に整理すると，表6-7のようになります。

表6-7　表と図の表記ルール（模式）

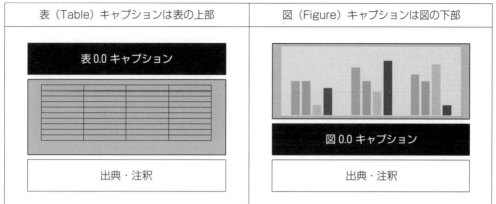

6.4.4　表リストと図リスト

　レポートの執筆の際には必要になることは少ないものの，論文を執筆する際には，目次の後に「表リスト」や「図リスト」を掲載することがあります。本書でもそのルールにならい，表リストと図リストを掲載しています。

メモ欄

7章　データ分析とExcelの活用（担当：劉）

7.1　ビジネスデータの分析

7.1.1　ビジネスデータ

　企業では，多くのデータを扱っています。扱うデータの種類は業種によって異なりますが，共通しているのは「伝票」を使ってデータの移動を管理していることです。

　伝票とは，「だれが」「なにを」「いつ」「いくらで」「どこへ」を記録した社内文書であり，企業活動で扱うデータの原点とも言えます。

7.1.2　データの集計

　集計とは，ある一定の条件に従ってデータを記録・整理することです。関連するデータを1つの項目で集計することを「単純集計」，表7-1のような，2つ以上の項目で集計することを「クロス集計」と呼びます。

表7-1　クロス集計のイメージ

項　　目	東 京 支 社	北 京 支 社	ニューヨーク支社	パ リ 支 社	ドバイ支社
A商品（個）	34	12	46	77	18
B商品（個）	62	43	35	58	45
C商品（個）	67	42	24	21	6

7.1.3　計算処理と関数

　ビジネスにおけるデータ分析では，四則演算などの基本的な計算処理から，関数を使った高度な計算処理まで行います。

　表計算ソフトには，よく使う計算処理のための「関数」が用意されています。関数を使用すると，複雑な計算処理をすばやく行うことができます。

　例えば，表7-2で示したように合計を求めるにはSUM関数，平均を求めるにはAVERAGE関数，最大値を求めるにはMAX関数，最小値を求めるにはMIN関数が使用されます。これらの関数の引数には，数値，対象セル，セル範囲を指定することができます。

表7-2　よく使う関数の種類と概要

SUM関数	個々の値やセル範囲，またはこれらの組み合わせを合算することができます。たとえば，セルA1：A10の範囲に数値が含まれている場合，数式「＝SUM（A1：A10）」は，これらの数値の合計を返します。
AVERAGE関数	セル範囲の平均（算術平均）を計算します。たとえば，セルA1：A10の範囲に数値が含まれている場合，数式「＝AVERAGE（A1：A10）」は，これらの数値の平均を返します。
MAX関数	セル範囲内の最大の数値を計算します。たとえば，セルA1：A10の範囲に数値が含まれている場合，数式「＝MAX（A1：A10）」はこれらの数値の最大値を返します。
MIN関数	セル範囲内で最小の数値を計算します。たとえば，セルA1：A10の範囲に数値が含まれている場合，数式「＝MIN（A1：A10）」はこれらの数値の最小値を返します。
COUNT関数	セル範囲内でデータが含まれるセル数を数えます。セルA1：A10に5つの数字が含まれている場合，数式「＝COUNT（A1：A10）」の結果は「5」となります。

7.1.4　ビジネスで使えるデータ分析の指標

データ分析を行うには，まず，目的を明確にすることが大切です。分析の目的が不明確だと，その結果が最適かどうか判断できません。したがって，データ分析は，①目的の把握（何が問題で，解決のためにどのような分析データが必要かを考える），②データ収集（分析に必要なデータの集計・加工），③分析方法（期待する結果に対して最も適した分析視点・方法を考える），④分析実行の順序で行う必要があります。次では，よく利用される分析指標を確認します。

(1)　前　年　比

前年比は，企業の業績を分析する際に，昨年の業績と今年の業績を比較するために使用されます。今年の業績が昨年の業績と比較してどうなのかをパーセンテージで表示します。

> 計算式：前年比（%）＝今年の実績値÷昨年実績値×100

(2)　伸　び　率

伸び率は，ある時点の数値が評価時点までにどの程度増加したかを示すために使用されます。例えば，企業の売上高が昨年の実績と比較して，今年はどれだけ増えたかを確認するために使用します。

> 計算式：伸び率（%）＝（今年の実績値−昨年の実績値）÷昨年の実績値×100

(3)　構　成　比

全体に対するある要素の比率を構成比といいます。この指標を用いると，各要素と全体との関係を容易に表現することができます。

> 計算式：構成比（%）＝要素の値÷全体値×100

(4)　利　益　率

売上高に占める利益の割合を示す指標を利益率といいます。利益とは，売上から原価や諸経費を差し引いた金額で，企業のもうけを表します。

> 計算式：利益率＝利益÷売上高×100

(5)　概　　　算

概算とは，数値の桁数が多い場合，近似した数値を使って計算することで，厳密な数値ではなく，傾向を知りたい際に使用されます。例えば，予算では，そもそも正確な数字が確定していないため，売上高などは1万円単位で記載されます。また，有価証券報告書ではよく百万円単位で計算・記載されます。

7.1.5　データサイエンスとBI

データサイエンスとは，データを用いて新たな知見を発見するアプローチです。データサイエンスの研究者，応用者をデータサイエンティストと呼びます。

データサイエンスの応用分野は，情報工学，経済学，経営学，社会学，医学など多岐にわたります。特に，ビジネス分野でデータサイエンスを活用し，経営判断を行うことをビジネスインテリジェンス（BI）と呼びます。

7.2　Excelによるデータ収集と分析

7.2.1　操作画面の特徴

Excelを起動し，［空白のブック］を選択すると，図7.1のような画面が表示されます。ここで，Excelの基本的な機能をタブ別に確認します。

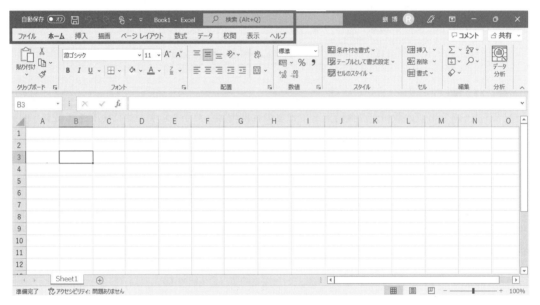

図7.1　Excel新規ブックの操作画面

① ［ファイル］タブ：ブックの新規作成・保存・印刷，アプリケーションの設定など
② ［ホーム］タブ：入力テキストのフォント編集，文字揃えや数字などのスタイル設定
③ ［挿入］タブ：画像や図形の挿入，各種グラフの作成，テキストボックスの追加など
④ ［ページレイアウト］タブ：ブックの余白，サイズ，背景色の変更，印刷の向きの設定など
⑤ ［数式］タブ：各種の関数の利用や計算方法の設定など
⑥ ［データ］タブ：データの取得と変換，並び替えの設定など

7.2.2　データ入力と編集

手動でデータを入力する場合は，空のセルを選択して文字列や数字を入力し，EnterキーまたはTabキーを押して決定でき，次のセルにも素早く移動できます。

セルの内容を移動またはコピーするには，図7.2のように，マウスを右クリックして「切り取り」または「コピー」を選択し，「貼り付け」を実行します。この場合，オプションとして，数式をコピーせずに数式結果の値のみをコピーするか，数式のみをコピーするかを選択することができます。

図7.2　セル内容の移動の操作画面

7.2.3　複数のセルの選択

　ワークシート範囲内の複数のセルを選択するには，最初のセルを選択し，マウスの左ボタンを押したまま，他の対象セル上にドラッグします。または，Shiftキーを押しながら，方向キーで対象範囲を選択することもできます。なお，隣接しないセルやセル範囲を選択する場合は，Ctrlキーを押しながらマウスで選択してください。

7.2.4　セルの結合

　個々のセルはそれ以上分割できませんが，隣接するセルと結合することは可能です。図7.3のように，結合したいセルを選択し，「ホーム」タブの「配置」エリアの「セルの結合」機能を利用します。

図7.3　セル結合の操作画面

7.2.5 行と列の追加・削除

　任意のセルを選択し,「ホーム」タブの「セル」エリアで「挿入」機能を利用します。または,図7.4のように,マウスの右クリックを利用して,「挿入」機能で行や列を追加することもできます。削除も同様の操作で行えます。

図7.4　行の追加と削除の操作画面

7.2.6　ワークシートの追加と削除

　1つのExcelファイルで多くのデータを集計・分析する場合,データを複数のワークシートに分割することができます。ブック下部の「新規シート」アイコンを選択することで追加することができます。また,シート名をダブルクリックすることで,簡単にシート名を変更することができます。

7.2.7　関数の活用

　Excelでは,「合計」「平均」「最大値」「最小値」「個数」など,図7.5で示したようなよく使う計算が【オート関数】として提供されています。次の図のように,[G4] セルの最大値を求める場合は,「数式」タブの「オートSUM」を展開し,「最大値」オプションを選択します。

図7.5　オート関数の操作画面

　一方，使用頻度の高い計算でも，「関数」として用意されていないものもあります。そのような場合は，図7.6のようにセル「J4」に他のセルの値を参照する「伸び率」の計算式を自ら作成することもできます。

図7.6　オート関数以外の関数の計算式の作成画面

　なお，独自の数式を作成する場合は，必ず半角の等号（＝）から入力を始めます。次に引数となるセルを選択し，演算子を入力します。例えば，掛け算の場合は「＊」と入力します。最後にEnterキーを押すと，計算式の入っているセルに計算結果が表示されます。

7.2.8　表のデザイン

　Excelの表のデザインでよく使われるのは，「枠線をつける」「背景色を変える」の2つです。枠線を付けるには，「ホーム」タブの「フォント」エリアにある「罫線」機能を使用します。太線，二重線，点線，斜線など細かい指定が可能です。

また，対象セルの背景色を変更するには，図7.7のように，セルまたはセル範囲をカーソルで選択し，「ホーム」タブの「フォント」エリアで「テーマカラー（バケツ型アイコン）」を利用します。

図7.7　セルの背景色の操作画面

7.2.9　ファイルの保存

作成したExcelファイルを保存するには，「ファイル」タブ，「名前を付けて保存」をクリックします。ファイルにわかりやすい名前を入力し，場所を指定して「保存」を選択します。

7.3　練 習 問 題

金融庁の縦覧サービス「EDINET（エディネット）」を使って，興味のある上場企業の直近の有価証券報告書をPDFでダウンロードして，Excelを使って対象企業の経営成績を図7.8のような表で再現してください。

経営指標と決算年度	2017年度	2018年度	2019年度	2020年度	2021年度	最大	最小	平均	21年度対5年間平均伸び率
									株式会社○○商事
主要な経営指標にもとづく成長性分析									
売上高(百万円)	479,280	525,622	464,450	170,581	275,728	525,622	170,581	383,132	-28.0%
当期純利益また損失(百万円)	81,191	90,286	62,217	-54,190	8,067	90,286	-54,190	37,514	-78.5%
純資産額(百万円)	721,976	803,201	820,257	759,948	756,317	820,257	721,976	772,340	-2.1%
負債額(百万円)＝総資産-純資産	188,697	248,254	190,394	280,517	330,567	330,567	188,697	247,686	33.5%
総資産額(百万円)	910,673	1,051,455	1,010,651	1,040,465	1,086,884	1,086,884	910,673	1,020,026	6.6%
従業員数(人)	5,825	6,007	8,034	8,782	9,094	9,094	5,825	7,548	20.5%
売上高当期純利益率(%)＝当期純利益÷売上高	16.9%	17.2%	13.4%	-31.8%	2.9%	17.2%	-31.8%	3.7%	-21.7%
自己資本比率(%)＝純資産÷総資産	79.3%	76.4%	81.2%	73.0%	69.6%	81.2%	69.6%	75.9%	-8.3%
一人当たり売上高(百万円)＝売上高÷従業員数	82.3	87.5	57.8	19.4	30.3	87.5	19.4	55.5	-45.3%

図7.8　課題完成図のイメージ

※　作成のヒント
①　最大値，最小値，平均値は，「数式」タブの「オートSUM」にある各種オプションを使用して算出します。
②　伸び率の計算は，「21年度値÷平均値－1」の計算式ですばやく計算することができます。

③　各種利益率の計算は，該当する経営指標に記載されている計算方法を数式として使用することで，すばやく行うことができます。

メモ欄

8章　データベースの利用法（担当：渡辺）

8.1　データベースの必要性

　論文やレポートを執筆する際には，さまざまなデータが必要になります。データベースは，論を客観的に裏付けたり，複数の事項を比較・検討したりする場面での活用にとどまらず，過去の新聞記事や専門用語の解説，専門雑誌の電子版に至るまで多岐に渡っており，論文やレポートの執筆にきわめて有用です。

　例えば，ある企業について調べる場合，その企業がどのような業態にあるのか，あるいはどのような業績を出しているのかなどは，有価証券報告書から情報を得ることができます。また，法令や判例について調べたい場合には，法律に特化したデータベースを利用します。このほかにも，新聞記事のデータベースや英語の文献を収録した電子ジャーナルなどがあります。

8.2　データベースのジャンルと主なデータベース

　主なデータベースをジャンルごとにまとめています（表8-1）。

　学部生が主に利用するデータベースは，原則として学内ネットワークからのみアクセス可能である点に注意します。

　各データベースへのリンクは，「渡辺研究室ホームページ」にも記載があります。

表8-1　主なデータベースのジャンルとデータベース名

ジャンル	データベース名
有価証券報告書，営業報告書，目論見書	EDINET，eol，企業史料統合データベース，日経NEEDS等
新聞記事	朝日新聞クロスサーチ，ヨミダス歴史館（読売新聞），毎索（毎日新聞），日経テレコン21等
法律，法令，判例	Westlaw Japan等
百科事典	ジャパンナレッジLib等
電子ジャーナル（英語文献）	EBSCO，EconLit，Web of Science等

8.2.1　有価証券報告書・営業報告書など

　一般に，「上場企業」とよばれる企業は，企業の概況や業績などの情報を網羅した「有価証券報告書（いわゆる"有報"）」を提出・開示しています（未上場の企業でも有価証券報告書を開示している場合もあります）。レポートや論文を執筆する過程で，特定の企業や業種について調べる必要がある場合，まず，有価証券報告書を参照するのが一般的です。有価証券報告書には，企業の業績が記載されているだけでなく，その企業のあらまし（沿革や当期の概況，従業員の状況，平均年収など）が詳細に記載されているからです。

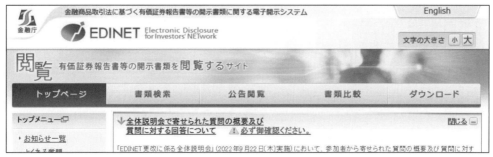

図8.1　EDINETのトップページ
出典：URL：http://disclosure.edinet-fsa.go.jp/（参照日2022年11月24日）

　図8.1のEDINET（エディネット；金融商品取引法に基づく有価証券報告書等の開示書類に関する電子開示システム）は，各企業から金融庁に提出された有価証券報告書（直近5年分）を，電子データとして開示しています。EDINETに収録されている有価証券報告書の年数には限りがあるため，長期にわたる企業の有価証券報告書を比較・検討する際には，図8.2のeol（イーオーエル；企業情報データベース）が有用です。eolでは，特定の企業の財務諸表を入手できるにとどまらず，業種内の比較を行うこともできます。全文検索機能を上手に活用すると，例えば未上場または開示のない企業についての記述が検索できるなど，より詳細な情報を得ることができます。また，付随する図8.3のAsia oneを利用すれば，アジアを中心とする現地企業の情報を得ることもできます。企業史料統合データベースは，戦前の営業報告書・目論見書を収録したデータベースです。財閥を発端とする企業や，早い時期に創業した企業を中心に，当時の報告書類を閲覧できます。

図8.2　eol登録及びホームページ（学内利用のみ）
出典：URL：https://ssl.eoldb.jp/EolDb/UserLogin.php（＊Automatic Loginでログインします）
（参照日2022年11月24日）

図8.3　Asia one登録及びホームページ（学内利用のみ）
出典：URL：https://asiaone.eoldb.com/login.php（＊Automatic Loginでログインします）（参
　　照日2022年11月24日）

　また，通産政策史に関する資料が必要な場合には，「通産政策史資料オンライン版」（図8.4）を利
用します。このデータベースは，通産政策史に関する「一次史料」「正史」「関係編纂資料」を収録し
たデータベースです。このうち埼玉大学では，「一次史料」に含まれる，第3回配本「商工政策史刊
行会収集資料　戦前篇」のみが利用可能です。また，「正史」については，図書館書庫に紙媒体の現
物が所蔵されています。

図8.4　通産政策史資料オンライン版（埼玉大学図書館のページから学内LANで接続できます）
図8.4左　出典：URL：http://www.lib.saitama-u.ac.jp/（参照日2022年11月23日）
図8.4右　出典：URL：https://j-dac.jp/infolib/meta_pub/CsvSearch.cgi?DEF_XSL=default&SUM_KIND=Csv
　　　　　Summary&SUM_NUMBER=1&IS_NUMBER=1&META_KIND=NOFRAME&IS_DB=G0000015A&IS_
　　　　　KIND=IndexXSL&IS_SCH=CSV&IS_STYLE=default&IS_TYPE=csv&DB_ID=G0000015A&GRP_
　　　　　ID=G0000015&IS_START=1&IS_EXTSCH=&XPARA=&IS_DETAILTYPE=&IMAGE_XML_
　　　　　TYPE=&IMAGE_VIEW_DIRECTION=&IS_TAG_S1=Cul1&IS_KEY_S1=GYOSEI（参照日2022年11月
　　　　　23日）

　その他にも，日本経済新聞社が提供する日経NEEDSなどがあります。Financial QUEST（図8.5）
は，日経NEEDSのデータベース上にある，企業財務，株式・債券，マクロ経済，産業統計など様々

なジャンルの経済データを取得することができます。ピンポイントで財務情報を得る場合に特化していますから，特定の数値や指標のみが必要な場合に活用します。Financial QUEST を利用する際には，「Microsoft Edge」の設定変更が必要なので，具体的な操作方法は図8.6から図8.12までを参照してください。

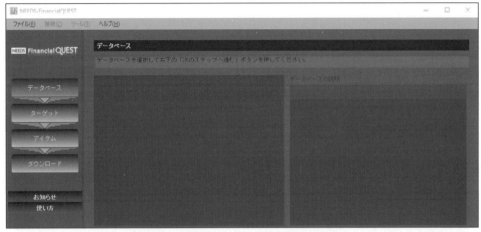

図8.5　Financial QUEST（学内利用のみ）

出典：URL：http://finquest.nikkeidb.or.jp/ver 2/ip_saitama/（参照日2022年11月24日）

8.2.2　「Microsoft Edge」を利用した「日経NEEDS FinancialQUEST2.0」のアクセス方法

(1)　「Microsoft Edge」を起動し，アドレスバーに edge://flags/#edge-click-once を入力します（図8.6）。

図8.6　ページ入力

(2)　「ClickOnce Support」の設定項目が表示されますので，「有効（Enabled）」に変更します（図8.7）。

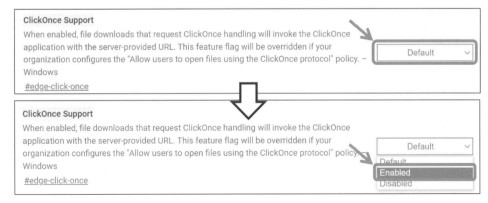

図8.7　設定変更

(3) 「再起動」ボタンが表示されますので，クリックして再起動します。ここで設定の変更が完了します（図8.8）。

図8.8　設定を再起動する

(4) 「NEEDS」にアクセスします（図8.9）。

図8.9　Financial QUESTアクセス画面

出典：URL：http://finquest.nikkeidb.or.jp/ver 2/online/（参照日2022年11月23日）

(5) 「Financial QUESTを起動」をクリックし，ポップアップの「開く」をクリックします（図8.10）。

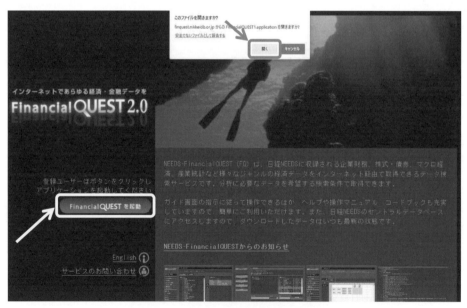

図8.10　Financial QUEST起動操作画面

出典：URL：http://finquest.nikkeidb.or.jp/ver 2/online/（参照日2022年11月23日）

⑹　アプリケーションの実行をクリックします（名前が，「NEEDS-Financial QUEST 2.0」であることを必ず確認してください）（図8.11）。

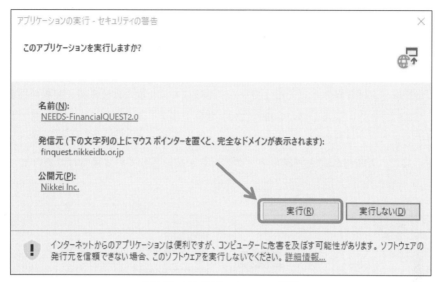

図8.11　アプリケーションの実行

⑺　Financial QUEST が起動したら，右上にIDおよびPasswordを入力して「Login」することで利用ができます（図8.12）。

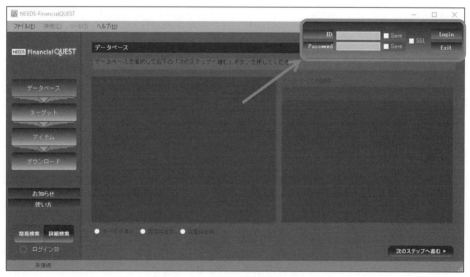

図8.12　Financial QUESTログイン

利用後は，必ず「Exit」をクリックしてください。

8.2.3　新聞記事

新聞記事については，それぞれの新聞社が独自にデータベースを提供しています。読売，朝日，毎

日をはじめとする一般紙をそれぞれ収録したデータベースはもちろん，日本経済新聞社が提供する日経テレコン21は，日本経済新聞のほか，同社が発行する専門紙も利用することができます。読売新聞社が提供するヨミダス歴史館（図8.13左）は，時代ごとに区分された新聞記事のほか，用語の解説や人名事典も付随しています。朝日新聞が提供する朝日新聞クロスサーチ（図8.13右）は，朝日新聞紙面（縮刷版も含む）のほか『週刊朝日』や『アサヒグラフ』，『AERA』なども収録しています。新聞記事は，当時のできごとの記述や世相を反映した貴重な資料です。新聞記事は，世間に注目される大きなできごとを取り上げる媒体としてだけでなく，地域面や文化面などで重要な記事を掲載していることも多いため，これらの情報を得たい場合には，新聞記事データベースを参照すべきでしょう。

　新聞記事データベースは契約制であるため，大学ごとに利用できるデータベースが異なるので注意が必要です。また，近隣の公共図書館でデータベースが契約されている場合は，あわせて活用しましょう。

図8.13　読売新聞のヨミダス歴史館（左）と朝日新聞クロスサーチ（右）

ヨミダス歴史館画像　出典：URL：https://database.yomiuri.co.jp/rekishikan/（参照日2022年11月21日）

朝日新聞クロスサーチ画像　出典：URL：https://xsearch.asahi.com（参照日2022年11月21日）

8.2.4　法律，法令，判例など

　法律などに関する情報を得たい場合には，Westlaw Japan（ウエストロー・ジャパン）（図8.14）などの法律データベースを利用します。法律データベースでは，現行法の条文はもちろん，改正歴や判例との比較，関連する法律・法令などを検索・ダウンロードすることができます。ほかにも，『論究ジュリスト』などの法律関連の専門雑誌の閲覧が学内ネットワークから可能です。社会科学について研究する際には，法律や法令との関連も考慮する必要があります。例えば，会社法が企業活動を規定するといったことが考えられます。

図8.14　ウエストロー・ジャパン

出典：URL：https://go.westlawjapan.com/wljp/app/signon/trauth?sp=SaitamaUni-2
（参照日2022年11月23日）

8.2.5　百科事典

　論文やレポートを執筆する際，意味や定義がわからない用語に出会ったときは，百科事典で意味を調べます。ジャパンナレッジLib（図8.15）は，複数の百科事典を含むデータベースで，用語解説のほかにも，見出し語に関連する画像や音声，地図情報なども閲覧することができます。百科事典データベースに収録されている情報は，Wikipediaなどと異なり，出典や執筆者が明示されているため，論文やレポートなどの学術的な文章を執筆する際に利用することができます。引用元挿入機能を利用すれば，出典を容易に記録できるほか，ナレッジサーチャー機能を利用すれば，見出し語の解説中で意味のわからない用語があっても，逐次その意味を確認することができます。

図8.15　ジャパンナレッジLib

出典：URL：https://japanknowledge.com/library/（参照日2022年11月23日）

ジャパンナレッジLibは単なる百科事典のデータベースではありません。『週刊エコノミスト』（最長2年分）や最新版の『会社四季報』（図8.16）などを閲覧することもできます。

　埼玉大学では，ジャパンナレッジLibを契約しており，学外からでもアクセスして利用することができます。

図8.16　ジャパンナレッジLibに含まれる代表的なコンテンツ

図8.16左（週刊エコノミスト）　出典：URL：https://japanknowledge.com/contents/economist/index.html
　　　　　　　　　　　　　　　　（参照日2022年11月23日）
図8.16右（会社四季報）　　　　出典：URL：https://japanknowledge.com/contents/shikiho/index.html
　　　　　　　　　　　　　　　　（参照日2022年11月23日）

8.2.6　統　計　書

　地域に関するさまざまな統計データが必要な場合に利用できるデータベースもあります。「都道府県統計書データベース」（図8.17）は，マイクロフィルム版『明治年間府県統計書集成』，『大正年間府県統計書集成』，『都道府県統計書集成戦後編』の全1,460リールに含まれる『都道府県統計書』約8,000冊（統計表数約150万件）を収録したデータベースです。あらゆる分野において，当時の地域事情や社会状況を知りたいときに役立つ，もっとも基礎的な統計資料となっています。また，検索機能として24分類によるカテゴリー検索のほか，表単位でのキーワード検索も搭載されています。

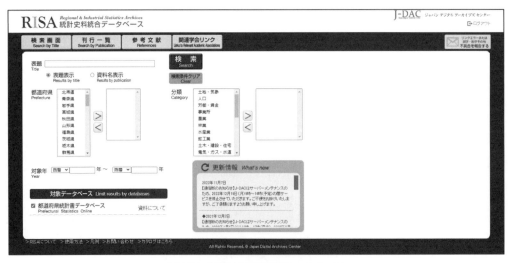

図8.17　都道府県統計書データベース

出典：URL：https://j-dac.jp/infolib/meta_pub/G0000010STATDB1　（参照日2022年11月24日）

8.2.7　電子ジャーナル（主に英語の文献）

　海外の学術文献や学会資料等を利用したい場合には，電子ジャーナルを利用します。埼玉大学図書館のホームページから，電子情報サービスのページに進むと，電子ジャーナルやe-Book，Web of Scienceなどが利用可能です。学内アクセス限定のページもあるので，なるべく学内からアクセスしましょう。

　例えば，図8.18はEBSCO（エブスコ）が提供している埼玉大学で利用できる電子ジャーナルの検索ページです。経済学に限らず，社会学や自然科学の分野の電子ジャーナルを利用することもできます。

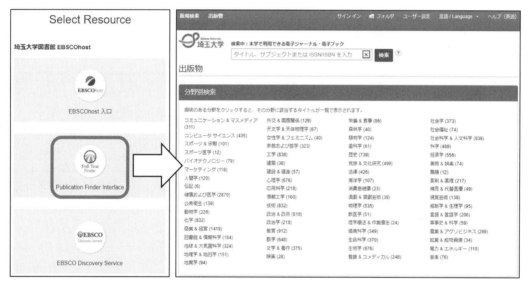

図8.18　EBSCO

出典：URL：http://search.ebscohost.com/（参照日2022年11月24日）

　図8.19のEBSCO内に収録されているEBSCOhost（エブスコホスト）では主にEconLit（エコンリット）とBusiness Source Elite（ビジネス　ソースエリート）を活用します。EconLit（エコンリット）は，アメリカ経済学会（American Economic Association）による経済学研究に特化したデータベースです。経済学研究において重要とされる雑誌や，種々の学会誌，報告書などが収録されています。会計，資本市場，計量経済学，経済予測，労働経済，金融政策，都市経済など，経済学の幅広い分野を包括的にカバーし，総収録データ数は110万件以上にものぼります。雑誌論文記事だけでなく，書籍，専門誌や学位論文，またCambridge University Press発行によるワーキングペーパー等も同時に収録されています。Web of Science（図8.22）には収録されていない重要な資料が多く収録されており，経済学に関する英語文献や国際的な研究の動向，その分野で多く引用されている文献などをリサーチすることができます。しかし，EconLitは1IDのみが有効ですので，アクセスできない場合には，Business Source Eliteを活用することもおすすめです。EBSCOhostで検索をするためには，図8.20のようにEconLitやBusiness Source Eliteなどのサービスをチェックした後（複数の選択も可），「続行」をクリックします。

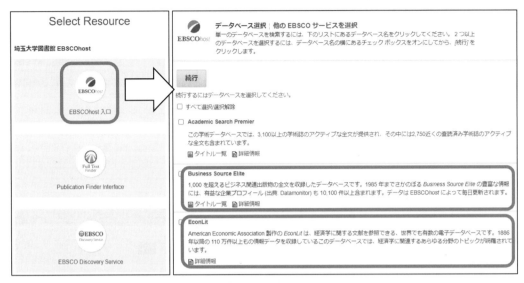

図8.19　EBSCOhost

出典：URL：https://web.p.ebscohost.com/ehost/search/advanced?vid=1&sid=b 2 e 59820-e 4 b 8- 4815-a 5 bb- 7 ae 866268219％40 redis（参照日2022年11月24日）

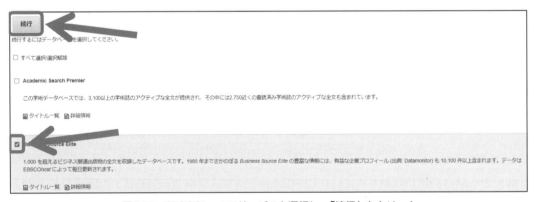

図8.20　EBSCOhostでサービスを選択し，「続行」をクリック

出典：URL：https://web.s.ebscohost.com/ehost/search/selectdb?vid=0&sid=0 bdf 38 e 6- 6597- 449 c-a 1 e 4- 7 ed 328 ea 2 ceb％40 redis（参照日2022年11月24日）

　図8.21のように新たな画面に移動すると，キーワードを入れてほしい文献を検索します。

図8.21　EBSCOhostでの検索

出典：URL：https://web.s.ebscohost.com/ehost/search/advanced?vid=1&sid=0bdf38e6-6597-449c-a1e4-7ed328ea2ceb%40redis（参照日2022年11月24日）

　また，Web of Science（図8.22）も有用な電子ジャーナルのデータベースです。Web of Scienceは，世界随一の学術研究情報データベースで，国際的に，あるいは特定の地域や分野においてもっとも影響力の高いジャーナルや学術書，会議録，研究データ等を収録し，引用に基づく公平な指標を学術コミュニティに提供しているサービスです。関連性の高い重要な研究情報を効率的に見つけたい場合や，研究テーマの最新動向を把握したい場合に活用できます。

図8.22　Web of Science

出典：URL：https://www.webofscience.com/wos/woscc/basic-search（参照日2022年11月24日）

　Web of Scienceの中には，SSCI（Social Science Citation Index）と呼ばれるデータベースが収録されています。SSCIは，社会科学分野における主要な学術誌に採録された論文のデータベースです。採録基準が厳格であることから，このデータベースに採録された論文は，信憑性や学術的意義の点で

高い水準にあるといえます。英語文献の先行研究をリサーチする際には必ず利用すべきデータベースであり，とくに自身が研究する研究領域に関する論文は必読です。

　ここで取り上げたのは，数あるデータベースの中でもごく限られたものに過ぎません。自分が必要な情報を得るためには，どのデータベースを活用すればよいか，実際にデータベースを使いながらマスターすることが大切です。また，各データベースには，マニュアルやユーザーガイドが用意されていますので，それらを参照しながら，基本操作を習得してください。自身の所属する大学や機関，近隣の図書館でどのようなデータベースが利用できるのかを調べることも肝要です。

　種々のデータベースは，アクセス数の制限が設けられていることが多いので，使用後はすみやかにログアウトし，他の利用者が滞りなく利用できるように配慮してください。また，ログアウトする際には，各データベース画面上の「ログアウト」ボタンをクリックし，確実にログアウトをしてください（ブラウザを閉じただけではログアウトにならないことがあります）。

　なお，埼玉大学では，全学または経済学部限定で利用できるデータベースが多数あります。自身の学修や研究に活用できるデータベースを見つけるとともに，実際にログインして利用法をマスターすることが大切です。また，埼玉大学図書館ホームページでは，新たに利用が可能となったデータベースについて，トップページの「新着情報」＞「電子情報サービス（図8.23)」にその情報が掲載されますので，都度確認することをおすすめします。

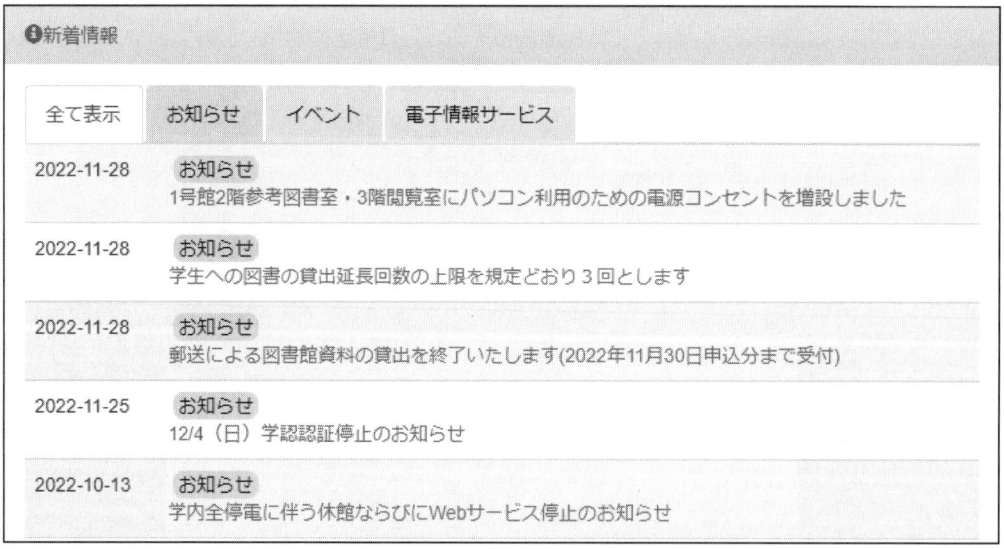

図8.23　埼玉大学図書館ホームページ　新着情報（電子情報サービス）
出典：URL：http://www.lib.saitama-u.ac.jp/（参照日2022年11月28日）

　なお，埼玉大学経済学部では，学部2年次よりゼミナール（演習）に所属することになっています。それぞれのゼミナールによって扱う分野は異なりますが，これまでに紹介したデータベースを活用するゼミナールも少なくありません。また，個々の研究や発表のためにデータベースを利用する頻度は高くなっていきます。あるいは，授業の中でもデータ収集やレポート執筆の材料として，これらのデータベースを利用する機会は次第に増えていきます。

8.3　Googleアラートの活用

URL：https://www.google.co.jp/alerts（参照日2022年11月24日）

　Googleアラートは，Google検索において，特定のキーワードに関する新たなトピックがヒットした際にメールでその情報を配信するサービスです（図8.24）。卒業研究論文の執筆など，継続的に特定のキーワードについて検索したい場合には有効です。それだけでなく，自身の興味のあるテーマやそれに関連するキーワードをまとめて登録しておくと，思わぬトピックがヒットすることもあり，都度の検索の手間が省けることがあります（図8.25）。ただし，アラートで配信される情報には，個人のブログや質問サイトをソースとしているものもあるため，その真偽や客観性については自身で検証する必要があります。

図8.24　Googleアラートトップページ

出典：URL：https://www.google.co.jp/alerts（参照日2022年11月24日）

図8.25　Googleアラートに「イノベーション」を登録した例（メール画面）

9章　データの可視化とExcelの活用（担当：劉）

9.1　ビジネスデータの可視化

9.1.1　グラフ化

　データ分析では，数値だけではデータの傾向や特徴が見えにくいため，グラフなどで視覚化することが欠せません。例えば，ビジネスでよく使われる代表的な分析手法として，売上比較や人口推移などのデータをグラフ化したり，売れ筋商品の分析や品質管理など，重要度を可視化するABC分析などがあります。

9.1.2　グラフの種類

　データ分析では，数値の大きさや傾向をそのまま見ることが難しい場合，表9-1のような，数値の大きさを比較する「棒グラフ」，数値の推移を見る「折れ線グラフ」，割合や構成を見る「円グラフ」，複数の種類のグラフを組み合わせた「複合グラフ」などを用いて特徴を可視化できます。

表9-1　主なグラフの種類とイメージ

棒グラフ	棒グラフは，ワークシートの列または行に配置されたデータをプロットすることができます。右の図に示すように，縦棒グラフは，横軸に沿って項目を表示し，縦軸に沿って数値を表示します。	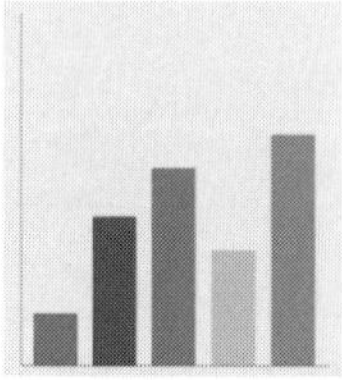
折れ線グラフ	折れ線グラフは，連続したデータを時間軸で等間隔に表示できるため，月，四半期，年度などのデータの推移を等間隔に表示するのに適しています。	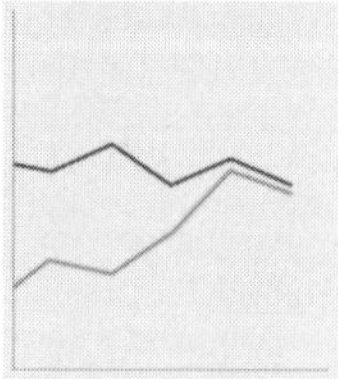
円グラフ	円グラフでは，データ系列の各項目は，すべての項目の合計に対する比率に従って大きさが決まり，全体に対するパーセンテージで表示されます。	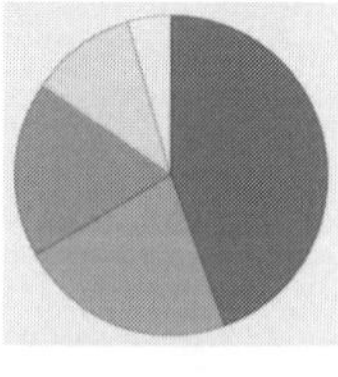
散布図	散布図は，横軸（x）と縦軸（y）の2本の数値軸を使用します。xとyの値の組み合わせが1つのデータ要素であり，不規則な間隔でクラスターとして表示されます。	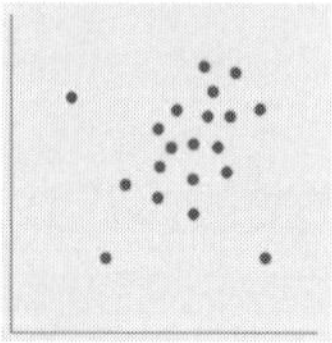

9.1.3　ABC分析

　ABC分析とは，重要度に応じて管理手法などを適用する分析手法で，図9.1のようなパレート図としてよく利用されます。例えば，売れ筋商品の分析では，表9-2のように分類することができます。

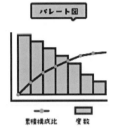

図9.1　パレード図のイメージ

表9-2　ABC分析による商品分析のイメージ

クラス	売上構成比率累計	評価（売上貢献度）
A	～70%	主力商品
B	70%～95%	準主力商品
C	95%～100%	非主力商品

　ビジネス分野に限らず，膨大なデータを分析する際に，項目の重要度を可視化するのに有効なのが，このABC分析の手法です。

9.2　Excelによるデータの可視化とグラフ作成

9.2.1　基本グラフの作成

　最初に，グラフで表現したいデータを選択します。次に，図9.2のように，「挿入」タブの「グラフ」エリアで各種グラフを選択します。最後に，グラフプレビューで目的のグラフを選択すれば完了です。

図9.2　基本グラフの作成画面

9.2.2　複合グラフの作成

　2種類以上のグラフを同時に使用したい場合は，Excelの複合グラフ機能を使用します。図9.3のように，同時に使用したい複数種類のデータを選択し，「挿入」タブの「グラフ」エリアで「組み合

わせ」機能を利用します。最後にグラフプレビューで目的のグラフを選択すれば作成が完了です。

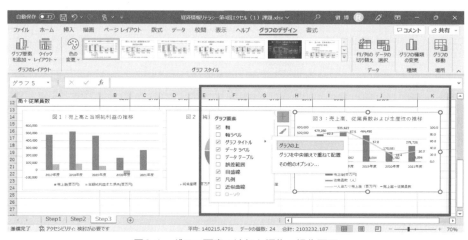

図9.3　複合グラフの作成画面

9.2.3　グラフ要素の追加と編集

　表現したい内容をわかりやすくするために，グラフタイトル，凡例，データラベルなどの要素をグラフに追加することができます。図9.4のように「図3」にタイトルやデータラベルを追加したい場合は，グラフを選択してから，左上または右上のプラス記号（＋）をクリックして必要な設定を行います。

図9.4　グラフ要素の追加と編集の操作画面

9.2.4　グラフデザインの変更

　Excelでは，一度作成したグラフを，別のグラフに作り変えることが簡単にできます。図9.5のように，変更したいグラフを選択してから，「グラフのデザイン」タブをクリックします。同タグでは，

レイアウトや色，グラフの種類をすばやく切り替えることができます。

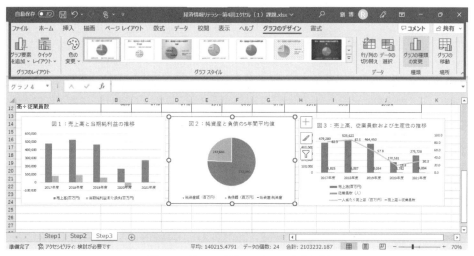

図9.5　グラフデザイン変更の操作画面

9.3　練習問題

(1)　有価証券報告書の縦覧サービス「EDINET」を利用して，興味のある上場企業の直近の有価証券報告書をPDFでダウンロードしてください。図9.6のようにExcelで表を完成させてください。

	2017年度	2018年度	2019年度	2020年度	2021年度	最大	最小	平均	21年度対5年間平均伸び率
主要な経営指標にもとづく成長性分析									株式会社〇〇商事
経営指標と決算年度									
売上高(百万円)									
当期純利益また損失(百万円)									
純資産額(百万円)									
負債額(百万円)＝総資産-純資産									
総資産額(百万円)									
従業員数(人)									
売上高当期純利益率(%)＝当期純利益÷売上高									
自己資本比率(%)＝純資産÷総資産									
一人当たり売上高(百万円)＝売上高÷従業員数									

図9.6　課題⑴　完成版のイメージ

(2)　グラフ作成によるデータの可視化

　上記の財務データをもとに，次のグラフを作成してください。

①　図1：売上高と当期純利益の「棒グラフ」を作成する。

②　図2：純資産と負債の5年平均の「円グラフ」を作成する。

③　図3：売上高，従業員数，生産性（一人当たり売上高）の「棒グラフと折れ線グラフの複合グラフ」を作成する。

※　作成のヒント

①　図1では，会計年度，売上高，利益のデータについて，正しくセル範囲を選択することが重要です。

② 図2では，純資産と負債の平均値について，離れているセルを同時に選択することが必要です。
③ 図3では，会計年度，売上高，従業員数，一人当たり売上高のデータについて，正しくセル範囲を選択することが重要です。また，データラベルの追加を終えたら，不要になったものを削除する必要があります。

図9.7　課題⑵　完成版のイメージ

10章　参照・引用のルールと参考引用文献リストの作成（担当：渡辺）■■

10.1　なぜ文献やデータの参照・引用が必要か

　学術的な文章では，自身が明らかにしたことと，これまでの研究を区別して記述します。しかし，そもそもなぜ参照・引用をする必要があるのでしょうか。それは，第一に，自身の持っている知識だけでは，学術的に十分な論文を作成することが困難であるからです。大学修了程度の卒業論文はもとより，修士学位論文や博士学位論文の場合，まず先行研究の整理と体系化から論文の執筆が始まります。すなわち，既存の研究がどこまで進展していて，どのような点に問題点や課題があるのか，その上でこれから自らが示す学説や理論がどのようにその課題を克服するのかについて述べていくことになります。この考え方は，大学修了程度の卒業論文でも，普段のレポートでも根本は同じです。

　第二に，自分自身の考察の妥当性を示し，論を補強するために引用を効果的に行う場合があるからです。自分の述べたい結論と同じ論旨の論文を援用して論を強化したり，あえて自分の結論とは反対の意見を唱えている論文を反証することで，自身の結論の妥当性を示したりする場合などが考えられます。

　いずれの目的においても，引用はルールに則って正確に行われなければなりません。他者が発表した学説や理論を，自分が考えたかのように記述した場合，その行為は剽窃（孫引き）とみなされます。学生がレポートや論文でしがちな「コピー・アンド・ペースト」もその一例です。そのような剽窃は，学術的な文章の執筆に慣れた人が一読すればすぐにわかります。成績評価にも大きく影響しますから，厳に謹んでください。

　引用のルールの大原則は，誰がどのように確認しても必ず参照・引用元が明らかであるように（再検証ができるように）記載することにあります。その表記方法に，最後に「文献リスト」を表記する方法と，注に文献情報を示す方法と，大別して二つあります。

10.2　参照・引用のルール

　ここでは，「ハーバード方式」とよばれる，引用情報を直接本文中に（　）表記し，最後の「文献リスト」を一括して表記する方法を説明します。引用箇所に肩番号を付して脚注で示したり，最後に一括して引用情報を記載する「後注方式」もありますが，ここでは割愛します。両者を混同しないように注意してください。

10.2.1　直接引用

　本文中で，文献そのものを抜き出して引用する方法を「直接引用」といいます。直接引用の場合，引用した箇所を「　」（カギカッコ）でくくるのが原則です。以下にいくつかの例を示します。

例　佐口和郎（2018）『雇用システム論』有斐閣，p.97から直接引用する場合

〈方法１〉　文頭に引用情報（著者名，発行年の順）を明記する

　佐口（2018，p.97）は，「経営側にとって定年制度は集団的コンフリクトを伴わない安価な雇用調整手段であった」と述べている（／指摘している／という　等）。

〈方法２〉　文末に引用情報を付し，本文に参照ページを明記する

　……「経営側にとって定年制度は集団的コンフリクトを伴わない安価な雇用調整手段であった」（佐口，2018，p.97）

　ただし，複数行にわたる長大な文章を引用する場合は，前記の〈方法１〉や〈方法２〉によらず，改行と左右インデントによる表記方法を用います。ただし，このような長大な引用は2,000字程度のレポートでは行いません。

10.2.2　間接引用

　本文中で，文献の内容を自分自身で要約する形で引用する方法を「間接引用」といいます。間接引用の場合，引用した内容の末尾に出典を明記するのが原則です。以下に例を示します。

例　佐口和郎（2018）『雇用システム論』有斐閣　から間接引用する場合

〈方法〉　要約した文（段落）の末尾に，引用情報（著者，出版年）を明記する

　……高年齢者のキャリアの節目は，定年年齢・公式引退年齢・実引退年齢に区分でき，日本の場合，"定年年齢＜公式引退年齢＜実引退年齢"という構図が定着している（佐口，2018，p.95）。

注意　文末の読点（。）は，引用情報のカッコの後ろにつけること。

10.2.3　引用箇所を明確にするために参照ページを付記する

　参照・引用した文献の情報を本文中で明記する際には，最低限「著者名」と「出版年」を記載する必要があります。その上で，参照・引用箇所を明確にするために，ページ数もあわせて記載する場合があります。ページ数を併記する利点として，参照・引用した箇所を自身で再確認しやすくなったり，読者が容易に再検証できたりすることなどが挙げられます。

付記する際には，著者名，出版年，参照ページ数の順で，例のように表記します。

〈方法２〉　参照・引用した文（段落）の末尾に，（著者，出版年，参照ページ数）を明記する

　例　1ページのみを参照・引用する場合　…（佐口，2018，p.72）
　例　複数ページを参照・引用する場合　……（佐口，2018，pp.72-75）

10.2.4　引用に関する注意事項

　引用は正しく行えば問題になることはありませんが，注意すべきことは，自分の書いているレポートや論文が引用ばかりにならないようにすることです。学生の中には，図書を1冊まとめたものをレポートや論文として提出する人がいますが，これは引用の限度を超えており，ルール違反となります。2,000字程度のレポートであれば，引用は極力行いません。また，直接引用する場合も，引用範囲は

必要かつ最低限の範囲内にとどめ，長々と引用しすぎないように注意します。あるいは，内容を解釈して自分自身の言葉で執筆する間接引用にします。

10.2.5　孫　引　き

　孫引きの辞書的定義は「引用してある文を，原文に立ち返らないでそのまま引用すること」（『角川類語新辞典』）とされています。仮に，図10.1のようにＡという本に載っていた内容を直接あるいは間接引用する場合は「引用」になります。これに反し，Ａの内容を引用しているＢという本を読み，Ａそのものは触れることなしで，「Ａという本はこのように主張している」とＢを参照しながら引用した場合は「孫引き」に当たります。それ以外にも，日本語訳がある外国語文献に触れる際にも注意が必要です。日本語訳の内容を読んで，「外国語文献の原文はこのように主張している」と引用した場合も「孫引き」です。日本語訳の文献から引用するか，あるいは自力で原文を翻訳しながら外国語文献を引用した場合が正しい「引用」になります。

　引用とは，持論を展開する上で先行研究と照らしながら，自身の意見を立証させる行為の一つです。言うまでもなく，この立証過程において，引用の出典や情報のソースを正確に記載することは重要です。しかし，もし原典を引用した引用者が間違った引用をし，それを孫引きした場合，立証過程における信頼性は担保できません。したがって，原典を自分で確認してから引用しなければなりません。レポートを書く際に孫引きが剽窃とみなされるのはそのためです。

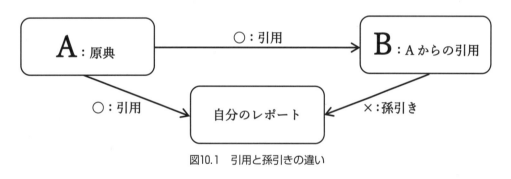

図10.1　引用と孫引きの違い

10.3　参考引用文献リストの表記方法

　論文やレポートを執筆する際に参考または引用する文献には多くの種類があります。ここではそれらのうち，主なものとその表記方法を説明します。原則を外れるものは，例をつけながら補足していますので，あわせて参考にしてください。全体に共通する注意事項の後に，個々の項目をまとめています。

10.3.1　全てに共通する注意点（間違えやすい項目）

表10-1　間違えやすい表記事項とその注意点

(1)　「　」（一重カッコ）と『　』（二重カッコ）の区別
「　」（一重カッコ）……「記事名」や「論文名」 『　』（二重カッコ）……『図書名』や『雑誌名』

(2)　ページ数を表す「p.」と「pp.」
「p.」…　参照ページが1ページ以内　…　例 p. 77（77ページ目のみ参照） 「pp.」…　参照ページが2ページ以上　…　例 pp. 77-79（77〜79ページまで参照）

(3)　参考引用文献リストの記載順
「著者名の50音順」で記載する ただし，アルファベットの著者名は，50音の後に，アルファベット順で記載する

(4)　参考引用文献リストの発行年月日の表記基準
今回の授業の際は，用いた文献の種類と発行頻度によって表記する範囲が異なるものとします。

表10-2　参考引用文献リストにおける発行年月日の表記基準（文献の種類と発行頻度別）

文献の種類	記載が必要な範囲		
	年	月	日
①　書籍	○		
②　雑誌（年刊）	○		
③　雑誌（季刊，月刊）	○	○	
④　雑誌（週刊）・新聞記事	○	○	○

(5)　外国人の著者名を表記する場合
著者が外国人の場合，著者名は「姓」「名」の順に記載する

　OPACの検索結果の「書名／著者等」を参照すると，著者名の表記が，「名」「姓」の順になっていることがあります。そこで，正しい表記を確認するため，必ず，著者情報 を参照します。著者情報に記載された情報をもとに，「姓」「名」の順で記載します。

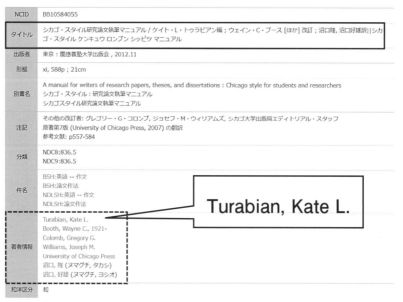

図10.2　埼玉大学図書館OPACの図書書誌情報に表示される著者情報の例

出典：URL：https://opac.lib.saitama-u.ac.jp/Main/Book?book_id=TS 00385846&q=2 &qt=0&qp=0&qv=10&qs=sort_title&qd=0&qn=0（参照日2022年11月22日）

上記の例を用いて，誤りの例と正しい例を示します。

×）　ケイト・L・トゥラビアン　…「名」「姓」の順になっている。

○）　トゥラビアン，ケイト L.　…「姓」「名」の順になっている。

（6）　一つの文献に関する表記が2行以上にわたる場合

表記が1行に収まらない場合は2行目以降に続け，2行目以降は2マス程度，字下げする

例　李潔（2019-03）「価格変化がシングルデフレーション・バイアスに与える影響の分析：産業間及び国産品と輸入品間の相対価格変化を対象に」『社会科学論集』埼玉大学経済学会，157号，pp.31-42

（7）　同一発行年かつ同一著者の文献を複数表記する場合

発行年の後に，発行月日の早い順にa，b，c…を付して区別する

例　朝日新聞（2018a）

10.3.2　図書の場合

著者名（出版年）『図書名（シリーズ名）』出版者名

例　翁邦雄（2015）『経済の大転換と日本銀行（シリーズ現代経済の展望）』岩波書店

［原則①］　図書の情報は，奥付（最終ページ）を見よ。必要な情報は奥付に記載があることが多い

［原則②］　図書名は『　』（二重カッコ）でくくる。「　」（一重カッコ）との間違いが多いので注意

［補足①］　著者が3人以上いる場合は，著者名は1名のみ記し，以下は［ほか］と記載する。
著者が2名までの場合は，著者名を併記する。

例　清水義次［ほか］（2019）著『民間主導・行政支援の公民連携の教科書』日経BP社

例　佐藤郁哉，山田真茂留（2004）『制度と文化　組織を動かす見えない力』日本経済新聞出版社

［補足②］　編著者や訳者がいる場合は，編著，訳などのように記載する。複数人著作の場合は記入。
それぞれの項目は「；」（セミコロン）で区切る。

例　トゥラビアン，ケイト L.；沼口隆，沼口好雄訳（2012）『シカゴ・スタイル　研究執筆論文マニュアル』慶應義塾大学出版会

注意　外国の著者名表記は，埼玉大学図書館OPACの書誌情報の「著者情報」の通りにします。

［補足③］　「シリーズ」は「叢書（そうしょ）」とも表記される。いずれも（シリーズ名）として表記する。

例　山田真一（2008）『アーツ・マーケティング入門―芸術市場に戦略をデザインする（文化とまちづくり叢書）』水曜社

［補足④］　複数の著者（編著者）が執筆した図書のうち，執筆者が明確である特定の章を参照するときは，以下の要領で表記する。

間宮陽介［ほか］編（2014）『日本経済：社会的共通資本と持続的発展』東京大学出版会から，間宮が執筆した，第5章「漁場の共同利用と自治的管理」pp.177-201のみを参照した場合

例　間宮陽介（2014）「第5章　漁場の共同利用と自治的管理」『日本経済：社会的共通資本と持続的発展』東京大学出版会，pp.177-201

奥付（おくづけ）とは，図書や雑誌の巻末（最終ページ）に記載されている，その資料に関する種々の情報です。図10.3のように奥付には，書名，著者名，発行年と版・刷，発行者などが記載されています。参考引用文献として図書を用いる場合，奥付を参照して参考引用文献リストを作成します。

文献情報の表記に困った場合は，埼玉大学図書館OPACの書誌情報や著者情報などを参照しましょう。

なお，図書の総ページ数を確認する際には，OPAC→CiNii Research→国立国会図書館の順に文献情報を検索してみましょう。その時に3分割以上の頁表示の場合，ページ数が「1冊」と表記されます。

図10.3　奥付の例

出典：田中恭子（2017）『グローバリゼーションの地理学』時潮社

10.3.3　論文・雑誌記事の場合

著者名（出版年-月-日）「記事名」『雑誌名』出版者，巻号，掲載ページ
例　川端庸子（2018）「インドネシア市場におけるセブン-イレブンの撤退行動に関する考察」『社会科学論集』埼玉大学経済学会，154号，pp.61-76
［原則①］　表記に必要な情報は，「CiNii Research」の「収録刊行物」の情報を活用せよ ［原則②］　論文・記事名は「　」（一重カッコ），雑誌名は『　』（二重カッコ）でくくる。混同に注意 ［原則③］　掲載ページは，1ページ以内ならp.Xと書く。2ページ以上の場合は，pp.XX-YYと書く

論文や雑誌記事を探す際に「CiNii Research」を利用することはすでに学びました。参考引用文献リストに利用した論文・記事の情報を記載する際には，CiNii Researchで表示された詳細情報を活用します。CiNii Researchの検索結果から詳細情報（図10.4）を参照すると，まず「論文・記事名」，次いで「著者名」が表示されています。さらにその下には，「収録刊行物」（図10.5）の記載があります。これらの情報を拾い上げながら形式に当てはめて記載すればよいのです。これらの情報は，検索の時点で，作成ファイルに切り貼りしたり，書き込んだりしておくと便利です。

図10.4　CiNii Researchの検索結果詳細画面
出典：URL：https://cir.nii.ac.jp/crid/ 1390572174767342848（参照日2022年11月22日）

図10.5　CiNii Researchの検索結果詳細画面（収録刊行物の情報を拡大したもの）
出典：URL：https://cir.nii.ac.jp/crid/ 1390572174767342848（参照日2022年11月22日）

　雑誌によっては，図10.5の『社会科学論集』のように「巻」を割り振らず，（154）のように号数だけを割り振っている場合もあります。その際は，参考引用文献リストには「154号」のように号数のみを記載します。また，「巻」「号」がどちらも割り振られている文献の場合は，巻号の表記ミスを防ぐため，CiNii Researchの検索結果の表示にならい，3（14）のように，数字と（　）のみで表記するほうが無難です。

10.3.4　新聞記事の場合

新聞名（発行年）「記事名」掲載日付朝刊／夕刊，掲載面，掲載ページ
例1　朝日新聞（1989）「松下幸之助氏死去『経営の神様』94歳，広い社会活動」4月27日付朝刊，総合1面，p.1
［原則①］　掲載日を明記すること。判明する場合には，朝刊・夕刊も併記する。 ［原則②］　記事名は「　」（一重カッコ）でくくる。『　』（二重カッコ）と混同しないように注意 　　※　記事内に「　」が使われている場合は，そこは『　』になる（例2を参照）

［補足］　同一発行年かつ同一新聞社の記事を複数利用する場合は，発行年の後に，発行月日の早い順にa，b，c…などを付して区別する。

　例1　朝日新聞（2001a）「インドネシアが味の素に回収を命令　イスラム禁忌の豚使用」1月5日付朝刊，社会2面，p.34

　例2　朝日新聞（2001b）「『住民の動揺を回避』『味の素』社員逮捕でインドネシア警察」1月7日付朝刊，社会1面，p.31

10.3.5　Webサイト・データベースの場合

著者名（特に新聞記事や配信記事の場合，何年何月何日何時の公開情報日を記すこと） 「記事名」『Webサイト名』or『データベース名』〈URL〉（参照日）
例　小林製薬（2022）「企業情報　企業理念」『小林製薬ホームページ』〈https://www.kobayashi.co.jp/corporate/philosophy/〉（参照日2022年2月7日）
［原則①］　URLは〈　〉（山カッコ）でくくる ［原則②］　参照日を必ず明記すること

例1　良品計画（2022.9.15）「『無印良品　板橋南町22』オープンのお知らせ」『良品計画ホームページ』〈https://ryohin-keikaku.jp/news/ 2022_0915_02.html〉（参照日2022年9月27日）
例2　NHK（2022年12月22日　8時53分）「米ウクライナ首脳会談　バイデン大統領　軍事支援の継続強調」『NHKニュース速報』〈https://www 3.nhk.or.jp/news/html/ 20221222/k 10013930701000.html〉（参照日2022年12月22日）

10.3.6　有価証券報告書の場合

企業名（発行年）『有価証券報告書』（事業年度　会計期間）
例　パナソニック株式会社（2021）『有価証券報告書』（第115期　令和3年4月1日–同4年3月31日），187p
［原則］　事業年度と会計期間を明記すること

［補足］　複数年度にわたって有価証券報告書を利用した場合は，まとめて記載することもできる。
例　小林製薬（2016–2021）『有価証券報告書』（第99–104期　平成28年12月31日–令和3年12月31日）
例　小林製薬（1994–2021）『有価証券報告書』各年版

10.3.7　そ　の　他

辞書類　　著者（出版年）「参照した見出し語」『辞書名』版，出版者
例　松村明（2006）「異文化」『大辞林』第三版，三省堂

　ここまで，参考引用文献リストの表記方法について解説してきました。「経済情報リテラシー」の授業においては，この表記方法で執筆することを求めますが，ここで紹介した表記方法は一例に過ぎません。提出先や投稿先によって表記方法が異なることは少なくありません。したがって，論文やレポートを執筆する際には，書式の指定に加え，参考引用文献リストの表記方法についても，必ず確認をしてください。

11章　点検と校正，相互チェック（担当：渡辺）

　レポートや論文は，個人の感想や日記とは異なり，他者が読むことを想定して書かれる文章です。すなわち，読者が文章の内容を容易に理解でき，かつ客観性が担保された論理的な文章でなければなりません。ところが文章を書き慣れないうちは，そうした根本的な部分を見落とした文章を書いてしまいがちです。また，書き上げた文章は時間をおいて見直すと，書いているときには気が付かなかったミスが出てくることも少なくありません。そうした欠陥を提出前に発見して修正し，完成度の高い文章を提出するために点検をする必要があるのです。点検のコツの1つは，執筆してすぐに点検するのではなく，一晩置くなど，執筆から点検までの時間を空けることです。そうすると，冷静に文章を精査することができ，ミスに気づきやすくなります。

11.1　点検と校正

　表11-1のチェックリストを参考に，まずは体裁と執筆の条件を確認しましょう。自分のレポートや論文が体裁の諸条件をクリアしているか確認し，不備があれば修正します。チェックリストを満たすことができたら表11-2の校正の手順と次ページの校正記号表をもとに校正作業に入ります。

表11-1　体裁と執筆条件のチェックリスト

体裁と執筆条件のチェックリスト
□　①　用紙はＡ４サイズ，縦（または指定のサイズ）に設定されていますか。
□　②　ページの余白は指定通りに設定されていますか。
□　③　1行あたりの「文字数」，1ページあたりの「行数」は指定通りに設定されていますか。
□　④　ページ番号は正しく挿入されていますか。
□　⑤「学籍番号」や「氏名」などの必要事項がもれなく記入されていますか。
□　⑥　本文が要求された分量（指定字数）に達していますか（超過も不可です）。

表11-2　校正の手順

校正の手順
□　①　レポートや論文を印刷する（印刷して初めて気づくミスが多いため）。
□　②　赤ペンを片手に全体を一読し，内容に大きな不備がないか確認する（不備があれば赤入れ）。　　　他者が一読したときに，内容を容易に理解できる客観的かつ簡潔な文章になっているか。
□　③　校正記号表を見ながら，再度冒頭から読み，誤字や脱字・表現上のミスに赤入れをする。
□　④　友人や指導教員など，他者に読んでもらい，赤入れをしてもらう。相互チェックでもよい。
□　⑤　赤入れしたレポート・論文を参照しながら，電子ファイルを修正・更新する。
□　⑥　更新したレポートを再度印刷し，不備がないか最終チェックを行う。

11.2　校正記号表

図11.1に示した「校正記号表」を参考に校正を行いましょう。

記号	意味	使用例
	文字の修正	校正してください / 校正してください
	文字の削除　詰める	文字校正 / 文字校正
	削除　空けておく	原稿作成 / 原稿　作成
	文字・記号の挿入	本を読む / 本を読む
	改行する	に行く。この時には / に行く。　この時には
	改行を取り消し，行をつなげる	に行く。この時には / に行く。この時には
	文字の送りを指示する（文字の挿入に伴う文字の送り及び行の送りは通常自動で処理されるので指示は省略して良い）	文字に注意しながら行う作業 / 注意しながら行う作業
	字間の空きを指示する	原稿指定 / 原稿　指定
	空いている字間をベタに戻す	編集作業 / 編集作業
	指定の位置まで文字・行を移動する	原稿 / 原　稿
	文字を入れ替える	杏林舎 / 杏林舎
	上付き・下付きに直す	H_2O　m^2 / H_2O　m^2
	大文字にする	capital / Capital
	小文字にする	SMALL / small
	イタリックに直す	italic / italic
	ボールドに直す	bold / bold

記号	意味
トル	文字・記号などを取り去って，あとを詰める
トルアキ トルママ	文字・記号などを取り去って，あとを空けておく
イキ	訂正を取り消す
	とう点・句点・中点・ピリオド・コンマ・コロン・セミコロン
オモテ ウラ	表ケイ ——— / 裏ケイ ———
細明	細明朝体 <例：書体>
ゴシ	ゴシック体 <例：書体>
ポ	ポイント <例：8ポ>
□	1字ぶん<全角>の空き
倍	全角の倍数をあらわす．<例：3倍>
分	全角の分数をあらわす．<例：4分>
大 または Cap	<欧文>大文字 <例：KYORIN>
小キャップ または s.c	<欧文>スモールキャピタル <例：KYORIN>
小 または l.c.	<欧文>小文字 <例：kyorin>
ローマン または rom	<欧文>ローマン体 <例：Kyorin>
イタ または ital	<欧文>イタリック体 <例：Kyorin>
ボールド または bold	<欧文>ボールド体 <例：Kyorin>

図11.1　校正記号表

出典：『株式会社杏林舎ホームページ』〈http://www.kyorin.co.jp/uploads/kouseikigo.pdf〉（参照日2022年12月5日）

11.3　自己点検（訂正箇所ありの例）

> タイトルが游明朝体10.5ptになっているので，ゴシック体14ptに修正

無印良品の反体制的商品コンセプトがもたらした新たな価値

> 学籍番号が全角になっているものを半角英数字に修正し，氏名ともゴシック体12ptに修正

20ED ●●●

　　　氏　名

> キーワードが游明朝体12ptになっているので，明朝体10.5ptに修正。コンマの半角を全角に修正

キーワード：無印良品，反体制，コンセプト，価値創造

> 段落はじめの一文に１マス空けることを忘れたので，１マスを空ける

1．はじめに

> 見出しが游明朝体10.5ptになっているので，ゴシック体12ptに修正

本稿では，無印良品（以降，無印と記す）の商品開発コンセプトを取り上げ，その時代による遍歴と社会に与える影響について考察をする。以下では無印の取り組みを整理しつつ，無印の商品コンセプトを概観し論証をする。

> 論証する理由が明確ではないので，問題設定を再度立て直す分量を全体の10〜15%程度まで増やす

2．ブランドへのアンチテーゼとしての「わけあって，安い」

「わけあって，安い」コンセプトは，有名ブランドへのアンチテーゼとしての意味合いを持つ。ここにおける「わけ」とは，基本的に無駄を省いたということである。ここで２つの例を挙げるが，その前に，この時の社会的背景について記しておく。

> コンマが半角になっているので，全角に修正

　1960年代から日本企業におけるPBは存在していたが，少数であった。各社がPB戦略へと乗り出したのは1979年のオイルショックがきっかけである。オイルショックの影響で起こった海外のノーブランドの波に乗って，日本企業も独自の商品開発を始めた。しかし，低価格を重視するゆえに品質が犠牲になることが多く，消費者の間には「安かろう悪かろう」の認識が広まることとなる。この時期，西友もPBとして「無印良品」を設立したわけだが，低価格競争には乗らず，巷に広がった概念を覆すべく，品質を落とさずリーズナブルな価格の商品開発を進めていた「斎藤2004，p.55」。

> 引用のカッコを修正する。「XXX」→（XXX）

「われ椎茸」や素材缶詰「マッシュルーム」は「わけあって，安い」コンセプトの代表例である。以前は，見た目を重視して捨てていた，わけあり品やマッシュルームの端の部分を余すことなく使用し，無駄な工程を省き，品質を保ったまま低価格を実現した。さらに，素材の素朴さを表現するために袋の装飾をなくし，低価格の「わけ」だけを書いたシンプルなデザインにした（有賀2000，p.7参照）。

　そして，無印の自転車も，このコンセプトのもと作られたものである。この自転車は無駄な装飾や必要のない機能を省き，走ることだけに注目したもので，オプションは追加購入できるようにした。これら商品の意義として挙げられるのが，ブランドへのアンチテーゼである。それまではブランドという名のもとに過価格，加工，装飾が施された商品がそれまでの傾向であった。1980年代後半から1990年代初頭にかけてのバブル期の日本では，人々はブランド品に飛びつき，その商品を持っている

> ページ番号を挿入する

- 1 -

> 本文が左揃えになっているので，両端揃えに修正

129

ことで自身の地位や財力を表現していた。無印は商品を通じて，ブランドの見せびらかし，顕示的消費に疑問を投げかけ，社会や消費者に対してノーブランドの価値を提示したのである。

> 段落の内容を端的に表していないタイトルになっているため，「大量消費社会へのアンチテーゼとしての『感じ良い暮らし』」などに修正

3．大量消費社会の中で生き延びるため努力した無印良品とその具体的な活動内容に関して

　次に無印が掲げたコンセプトは，「感じ良い暮らし」の追求である。個人のより良い暮らしの実現を目標に，商品を「持つ」ことから「使う」ことへの転換，つまり商品の有用的価値への重点移動をよびかけた。その背景にあるのは，バブルの崩壊である。それまで重視されてきた商品の顕示的価値から有用的価値にシフトを試みたのである。以前までと社会風潮は一変し，市民の間では脱ブランド志向が広まったため，ノーブランドを掲げる無印にとって追い風となった。しかし，逆にアンチの矛先がなくなったことでコンセプトの機能不全を起こしたのである（深澤2011，pp. 133-134）。また，人々の金銭的感覚は保守的になり，社会では安い商品の大量生産・大量消費が主流となりました。

> 「〜ました。」と書かれているので，常体（〜である）に修正

　しかし，この風潮の変化の中でも，商品の有用的価値の呼びかけは意味を成した。似通った，単に安価な商品を求めるより，使っていて感じの良い商品，商品を通じた生活の質の向上という面に目をむけた，「感じいい暮らし」コンセプトを求めたのである。これは安いものを大量に消費する消費社会へ一石を投じるという点で反体制的である。「モノづくりコミュニティ」は本コンセプトの実現ツールで，消費者と企業との主観的な交わりを通じて，消費者にとって「感じのいい」商品の開発を目的としたアプリである。インターネット上で消費者の求める商品案を募集し，幾つかを図面に書き起こす。そのイメージの中でさらに投票が行われ，最終的な商品像を完成させる。「体にフィットするソファ」はこのコミュニティを通じて実現したものであった（西川2015，pp. 111-112）。こうして顧客との往還の上誕生した商品は，生活の質の向上に貢献することとなる。無印は大漁消費社会の中でも，生活の質を追い求めるという新たな観点を提示した。

> 誤字があるので修正する。「大漁」→「大量」

> 見出しの番号とピリオド（「.」）が突然半角になっているので，全角に修正

4.おわりに

　無印は，反体制の性質をもとに商品を開発し，商いを通じた新しい価値の創造と社会貢献を基本理念としている（良品計画〔2022〕）。中でも「わけあって，安い」や現在の，消費社会へのアンチテーゼとしての「感じいい暮らし」というコンセプトはその理念を象徴するものである。

　無印は海外でも展開を広げており（良品計画2021，pp. 8-9），日本同様にそのノーブランド，素朴性，無印性によって人気を集めている。時代の遍歴とともに，時には商品コンセプトを変えて歩んできた無印であるが，コロナウイルスが猛威を振るい巣篭もり需要が増え，昨今は個人的有用性が重視されるようになった。そして，コロナ禍収束後の社会は未知の世界である。今後変化していく社会に対して無印がどのような姿勢をとるのかは，注目すべき点である。

> コンマの「、」と「，」が交互に使われているので，どちらかに統一させる

　それのみではなく、無印とユニクロとは長期間にわたって成功を収めており，その成功の背後を分

-2-

130

析する場合、両社の経営戦略における共通点が可視化されうる。したがって，今後の課題として両社における経営戦略の共通点からマネジメント手法の一般性を導出したいと思う。

> 結論のところで，本文では扱っていなかった「ユニクロ」の内容が突然入り，全体の論理構造が崩れているので，本文で分析した内容をまとめることにし，この文章は削除する

※　なお，本文中における「くらし」と「暮らし」の「く」，「いい」と「良い」については，良品計画ホームページを2022年10月14日現在確認したが，漢字形とひらがな形が混在しており，この本文では出典のとおり示すこととした。

参考引用文献

有賀馨〔談〕，照屋憲一〔聞き手〕（2000）「良品計画社長　有賀馨さん（編集社長インタビュー）」『朝日新聞クロスサーチ』5月27日付夕刊，夕刊経済特集3面，p.7

> 著者の並べ方が50音順ではないので，50音順に修正

小池一子〔談〕，藤生京子〔聞き手〕（2020）「（語る　人生の贈りもの）小池一子：8　「無印」で体制に抵抗，大まじめ」『朝日新聞クロスサーチ』10月30日付朝刊，文化文芸面，p.31

> 1つの文献の記載が2行以上になる場合は，2行目以降を2マス空ける必要があるので，修正。
> 修正方法：「レイアウト」→「段落の設定」→「インデント」→「最小の行：ぶら下げ」，「幅：2字」

金井政明，高橋由香理（2018.5）「コンセプトの実現を第一とする事業戦略　無印良品（MUJI）：グローバル展開の軌跡」『Harvard business review = Diamond ハーバード・ビジネス・レビュー』ダイヤモンド社

> 論文であるにも関わらず，何巻，何号，何ページであるかを忘れたので，記入する。
> 例：第43巻の中でも第5号の統合版であり，110-117頁に掲載されているので，学術誌名や雑誌名の後に，「43巻5号，pp.110-117」と記入する。

斎藤勉（2004）「無印良品（キミの名は）」『朝日新聞クロスサーチ』8月21日付朝刊，be週末b5，p.55
小学館（2022.06a）「オイル−ショック」『デジタル大辞泉』ジャパンナレッジLib〈https://japanknowledge.com/lib/display/?lid=2001002077700〉

> ウェブサイトであるにも関わらず，参照日を忘れたので，URLの最後に参照日を記入する。
> 例：…?lid=2001002077700〉（参照日2022年10月4日）

小学館（2022.06b）「バブル経済」『デジタル大辞泉』ジャパンナレッジLib〈https://japanknowledge.com/lib/display/?lid=2001015030500〉（参照日2022年10月4日）

> 論文と図書に対するカッコが間違っているので，修正。　論文名：『　』→「　」，図書名：「　」→『　』

西川英彦（2015）『無印良品の経営学：無印良品の再生』「一橋ビジネスレビュー」一橋大学イノベーション研究センター，63巻3号，p.104−118

> ページの表記が間違っており，単数のページは「p.」と入力し，複数のページは「pp.」と入力する。
> 例：「p.104-118」→「pp.104-118」

西川英彦（2016a）「無印良品の経営学：無印良品の再考」『一橋ビジネスレビュー』一橋大学イノベーション研究センター，63巻4号，pp.110−122
西川英彦（2016b）「無印良品の経営学：世界の無印良品」『一橋ビジネスレビュー』一橋大学イノベーション研究センター，64巻2号，pp.108−123
深澤徳（2011）『思想としての「無印良品」：時代と消費と日本と』

> 図書であるにも関わらず，出版社名を忘れたので，最後に出版社名を記入する。
> 例：…時代と消費と日本と』千倉書房

良品計画（2021）『有価証券報告書（2021年8月31日決算日）』，p.135

（次頁につづく）

良品計画（2022）「無印良品が目指すもの−無印良品のサステナビリティ」『良品計画ホームページ』〈https://ryohin-keikaku.jp/sustainability/muji-sustainability/goals/〉（参照日2022年6月25日）

良品計画（2022.9.15）「『無印良品　板橋南町22』オープンのお知らせ」『良品計画ホームページ』〈https://ryohin-keikaku.jp/news/ 2022_0915_02.html〉（参照日　2022年9月27日）

- 4 -

11.4　相互チェック（チェックリスト）

論証型レポート　相互チェック評価用紙

１．自分の学籍番号

２．自分の氏名

３．自分のレポートのタイトル

────（これより下はあなたのレポートを評価する，**隣席の評価者自身が記入**してください）────

１．評価者の学籍番号

２．評価者の氏名

３．チェック作業

(1)　評価する相手のレポートを読みながら，pp. 126−128の「チェックリスト」に☑を入れます。

(2)　チェック項目を満たしていない箇所は，□のままにし，余白に指摘箇所をコメントします。

(3)　(2)の指摘箇所については，<u>レポート本体にも，必ず赤入れ・コメント</u>をしてください。

４．総合評価

(1)　評価する相手のレポートについて，次の２つの観点(a)・(b)からコメントをしてください。

(a)　評価できる部分

(b)　改善を必要とする部分

無印良品の反体制的商品コンセプトがもたらした新たな価値

20ED000
埼玉　太郎

キーワード：無印良品，反体制，コンセプト，価値創造

1．はじめに

　本稿では，無印良品（以下，無印）の商品開発コンセプトを取り上げ，その時代による変遷と社会に与えた影響を考察する。無印は，1980 年に西友グループのプライベートブランド（以下，PB）として誕生した。その後，事業基盤の確立や事業規模の拡大を目指して「株式会社良品計画」として独立し，1990 年に小売事業を開始した（良品計画 2021, p.6）。

　無印の本質は「反体制」にあり（深澤 2011, pp.105-109），無印の独自性を生みだす源泉である。本稿では無印の「反体制」的スタンスを裏付ける 2 つの商品コンセプト「わけあって，安い」，「感じ良い暮らし」を取り上げる。以下，「反体制」の意味に言及しつつ，消費者並びに社会に提示する新たな価値観について論証する。

2．ブランドへのアンチテーゼとしての「わけあって，安い」

　「わけあって，安い」のコンセプトは，有名ブランドへのアンチテーゼとしての意味合いを持つ。ここにおける「わけ」とは，無駄を省くという意味である。まずは，このコンセプトが登場するに至った社会的背景について記す。

　1960 年代の時点で日本企業における PB はごくわずかであった。1979 年のオイルショックによって，海外ではノーブランドの波が起こった。このことを契機に，日本企業も独自の商品開発すなわち PB を始めた。しかし，PB は低価格を重視するゆえに品質が犠牲になることが多く，消費者の間には「安かろう悪かろう」の認識が広まった。同じ時期に，西友グループも PB として「無印良品」を設立した。無印は，巷に広がった認識を覆すべく，低価格競争には乗らず，品質を落とさずリーズナブルな価格の商品開発を進めた（斎藤 2004, p.55）。

　「われ椎茸」や素材缶詰「マッシュルーム」は，「わけあって，安い」のコンセプトを象徴する例である。これらは，以前は捨てていた部分を使用するだけでなく，無駄な工程を省くことによって，品質を保ちつつ低価格での販売を実現させた商品である。さらに，素材の素朴さを表現するために袋の装飾をなくし，低価格の「わけ」のみを書いたデザインとした（有賀 2000, p.7）。そして無印の自転車も，このコンセプトに即して開発された。これは走ることに特化し，無駄な装飾や必要のない機能を省いた。省いた機能はオプションとして追加購入できるようにした。

　これらの商品における意義は，ブランドへのアンチテーゼにある。この時期の商品は，ブランドという名のもとに加工，装飾を施し，さらに過価格を設定する傾向があった。実際，1980 年代後半から 1990 年代初頭におけるバブル期の日本では，人々はこうしたブランド品に飛びつき，その商品を持つことで自身の地位や財力を表現していた。これに対し

て無印は，上記の商品を通じて，ブランドの見せびらかし，「顕示的消費」に疑問を投げかけ，消費者や社会に対してノーブランドの価値を提示したのである。

3．大量消費社会へのアンチテーゼとしての「感じ良い暮らし」

　次に無印が掲げたコンセプトは，「感じ良い暮らし」の追求である。個人のより良い暮らしの実現を目標に，商品を「持つ」ことから「使う」ことへの転換，つまり商品の顕示的価値から有用的価値への重点移動をよびかけた。その背景にあるのは，バブルの崩壊である。バブルの崩壊によって消費者の間では脱ブランド志向が広まった。そのため，ブランドへのアンチテーゼとしてのコンセプトは機能不全を起こした（深澤 2011，pp.133-134）。さらに，消費者の金銭感覚は保守的になり，社会では安い商品の大量生産・大量消費が主流となった。こうした社会の変化に対して，無印は，商品の有用的価値を呼びかける「感じ良い暮らし」とのコンセプトを打ち出した。このコンセプトは，安いものを大量に消費する，いわば「大量消費社会」に一石を投じる意味で反体制といえる。

　このコンセプトに即した商品開発にあたっては，消費者と企業との主観的な交わりを通じて，消費者にとって「感じの良い」商品を明確にするアプリ，「モノづくりコミュニティ」が導入された。そこでは，まず，インターネット上で消費者の求める商品案を募集し，そのいくつかを図面に書き起こした。そして，そのイメージの中から投票し，最終的な商品像を完成させる流れをとった。例えば「体にフィットするソファ」は，このコミュニティを通じて実現したものであった（西川 2015，pp.111-112）。

　このように，大量消費社会へのアンチテーゼとしてのコンセプトに基づき，消費者のニーズを反映させて生み出した商品は，生活の質の向上に貢献することとなる。無印は，大量消費社会において，消費者や社会に，生活の質を追い求めるという新たな価値観を提示したのである。

4．おわりに

　無印は，反体制の性質をもとに商品を開発し，商いを通じた新しい価値の創造と社会貢献を基本理念としている（良品計画〔2022〕）。ブランドへのアンチテーゼとしての「わけあって，安い」や，現在の消費社会へのアンチテーゼとしての「感じいい暮らし」というコンセプトはその理念を象徴するものである。

　無印は海外でも展開を広げており（良品計画 2021，pp.8-9），日本同様にそのノーブランド，素朴さによって人気を集めている。このように時代の変遷とともに，商品コンセプトを変えて歩んできた。2022 年現在では，新型コロナウイルスの流行によって巣ごもり需要が高まり，個人の有用性が重視されるようになった。コロナ禍収束後の社会は未知である。今後変化していく社会に対して，無印がどのような姿勢をとるのかは注目される。

※なお，本文中における「くらし」と「暮らし」の「く」，「いい」と「良い」については，良品計画ホームページを確認したが（2022 年 10 月 14 日現在），漢字形とひらがな形が混在している。本文では以下の出典のとおり示すこととした。

【6】見出し・本文

《見出し》
- □ ゴシック体 12pt である
- □ 段落の内容を端的に表したタイトルになっている（はじめに，おわりには例外）

《本文》
- □ 明朝体 10.5pt である
- □ 段落の冒頭の 1 マス空け
- □ 常体（～である）で書かれている
- □ 誤字や脱字がない
- □ 内容がわかりやすく書かれている
- □ 分量が 70～80％程度まで記述できている

【7】引用と参照
→本書「第 10 章 10.2 参照・引用のルール」を参考にすること
- □ 引用や参照した箇所が明確に示されている
- □ 引用情報が正しく表記されている
- □ 必要以上に引用をしていない

【8】おわりに
- □ 本文全体を踏まえて結論を述べている
- □ 課題点や今後の展望について述べている
- □ 結論に妥当性がある
- □ 分量が 10～15％程度に収まっている

参考引用文献

有賀馨〔談〕，照屋憲一〔聞き手〕（2000）「良品計画社長　有賀馨さん（編集社長インタビュー）」『朝日新聞クロスサーチ』5 月 27 日付夕刊，夕刊経済特集 3 面，p.7

金井政明，高橋由香理（2018.5）「コンセプトの実現を第一とする事業戦略 無印良品(MUJI)：グローバル展開の軌跡」『Harvard business review = Diamond ハーバード・ビジネス・レビュー』ダイヤモンド社，43 巻 5 号，pp.110-117

小池一子〔談〕，藤生京子〔聞き手〕（2020）「（語る　人生の贈りもの）小池一子：8 「無印」で体制に抵抗，大まじめ」『朝日新聞クロスサーチ』10 月 30 日付朝刊，文化文芸面，p.31

斎藤勉（2004）「無印良品（キミの名は）」『朝日新聞クロスサーチ』8 月 21 日付朝刊，be 週末 b5，p.55

小学館（2022.6a）「オイル・ショック」『デジタル大辞泉』ジャパンナレッジ Lib 〈https://japanknowledge.com/lib/display/?lid=2001002077700〉（参照日 2022 年 10 月 4 日）

小学館（2022.6b）「バブル経済」『デジタル大辞泉』ジャパンナレッジ Lib 〈https://japanknowledge.com/lib/display/?lid=2001015030500〉（参照日 2022 年 10 月 4 日）

西川英彦（2015）「無印良品の経営学：無印良品の再生」『一橋ビジネスレビュー』一橋大学イノベーション研究センター，63 巻 3 号，pp.104-118

西川英彦（2016a）「無印良品の経営学：無印良品の再考」『一橋ビジネスレビュー』一橋大学イノベーション研究センター，63 巻 4 号，pp.110-122

西川英彦（2016b）「無印良品の経営学：世界の無印良品」『一橋ビジネスレビュー』一橋大学イノベーション研究センター，64 巻 2 号，pp.108-123

深澤徳（2011）『思想としての「無印良品」：時代と消費と日本と』千倉書房，234p

良品計画（2021）『有価証券報告書（2021 年 8 月 31 日決算日）』135p

良品計画〔2022〕「無印良品が目指すもの--無印良品のサステナビリティ」『良品計画ホームページ』〈https://ryohin-keikaku.jp/sustainability/muji-sustainability/goals/〉（参照日 2022 年 6 月 25 日）

良品計画（2022.9.15）「『無印良品 板橋南町 22』オープンのお知らせ」『良品計画ホームページ』〈https://ryohin-keikaku.jp/news/2022_0915_02.html〉（参照日 2022 年 9 月 27 日）

【9】参考引用文献リスト

→本書「10 章 10.3 参考引用文献リストの表記方法」を参考にすること

☐ 著者の 50 音順で記載
☐ 発行年月日が書かれている
☐ 「 」と『 』の区別
☐ 巻号数が書かれている
☐ 掲載ページ数が書かれている
☐ 「p.」と「pp.」の区別
☐ 出版者名が書かれている
☐ 1 つの文献の情報が 2 行以上にわたる場合，2 行目以降を 2 マス空けている
☐ 「論文・記事名」が「」に入っているか
☐ 『図書名』が『』に入っているか
☐ 雑誌記事や論文が 1 つ以上，明記されているか
☐ 図書か有価証券報告書が 1 つ以上，明記されているか
☐ 図書論文等は必ず 1 件以上明記する。全く利用しなかったものを使わなかったものとしてでも記入しておくこと
☐ このレポート例では，本文はおよそ 2,300 字。題名，参考引用文献リストなどを含めると，およそ 3,000 字。本文の字数の目安は，設定字数の 80%～120%。2,000 字のレポートでは 1,600 字～2,400 字が本文量の目安であること

12章　プレゼンテーションとPowerPointの活用（担当：劉）■■■

12.1　プレゼンテーション

プレゼンテーション（プレゼン）とは，主張・意見・計画などを説明し，相手の理解と納得を得て，プレゼンターの意図する結果を得るための行動です。

12.1.1　プレゼンの目的と構成

プレゼンテーションは，目的によって「説得するもの」と「伝えるもの」の2つに大別されます。また，プレゼンの形式も提案型，講演型，会議型，インタビュー型に分かれています。

プレゼンテーションを円滑に行い，期待の効果を得るためには，聞き手の分析が不可欠です。特に，年齢層，性別，経歴，出席の目的，専門レベル，禁止ワードなどを事前に確認することが重要です。

プレゼンテーションの基本的な構成は，「序論」「本論」「結論」の3つのパートに分けます。「序論」の役割は，「目的」が何であるかを明確に示すことです。「本論」では，序論で示した目的に沿って，根拠を示しながら具体的な内容を展開します。「結論」では，本論で述べたことをまとめ，相手に行動を促すために結論や提案を明確に示します。

プレゼンテーションのプロセスは，図12.1のように①プレゼンテーションの企画・設計，②プレゼンテーション資料の作成，③プレゼンテーションの実施に分けられます。プレゼンテーションのゴールの決定は，プレゼンテーションの企画・設計における主題・目的の明確化に相当するため，非常に重要です。

図12.1　プレゼンテーションのプロセス

12.1.2　プレゼン資料の作成

プレゼンテーション資料には，プロジェクターやスクリーンに投影する電子データと，紙に印刷する配布資料の2種類があります。どちらも，プレゼンテーションを実施する上で欠かせない重要な資料です。

プレゼンテーション資料の作成には，PowerPointがよく使われます。PowerPointには，さまざまな配色やフォント，効果を組み合わせたテーマと呼ばれるデザインテンプレートが用意されています。また，そのデザインの幅をさらに広げるためのバリエーションも用意されています。

PowerPointには，イラストを効率よく描くための機能として「SmartArt」が搭載されています。この機能を使うと，複数の図形を組み合わせた図解を簡単に作成することができます。例えば，表12-1のように並列関係を表す「リスト」，プロセスを表す「手順」，組織図を表す「階層」，各部分と全体との関係を表す「マトリックス」などの図形形式があります。

表12-1　主な図解の種類と特徴

種類	概要
リスト	図解を構成する要素を並列的な関係で表現するために使用されます。
手順	時間の経過とともに変化する過程や順序を表現するために使用されます。
循環	ある内容を何度も繰り返すサイクルを表現するために使われます。
階層	企業や組織を構成する個々の部門やメンバー，それらの相関関係を表現するために使用されます。
マトリックス	縦軸と横軸を2分割した4つの象限を作り，キーワードなどをマス目に配置して表現して比較したい場合に使用されます。

　また，プレゼンテーション資料の図解として，表やグラフもよく使われます。特に箇条書きや表，グラフは，長くて複雑な内容の文章を簡潔にわかりやすくまとめる方法として有効です。グラフの活用では，構成比を表すのに適した円グラフや，時間に対する連続的な変化を表す折れ線グラフがよく使われます。

12.2　PowerPointによるプレゼン資料の作成

12.2.1　操作画面の特徴

　PowerPointを起動し，「新しいプレゼンテーション」を選択すると，次の図12.2のような画面が表示されます。ここで，Power Pointの基本的な機能をタブ別に確認します。

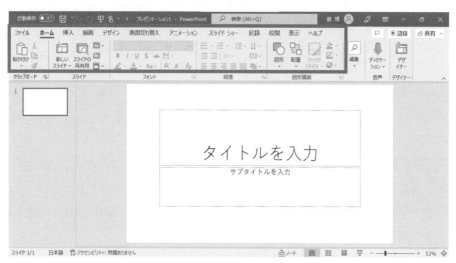

図12.2　PowerPointを起動した画面

① ［ファイル］タブ：新しいプレゼンテーションの作成，保存，印刷，アプリケーション自体の設定など
② ［ホーム］タブ：入力テキストのフォント編集，スライドの追加，図形の配置など
③ ［挿入］タブ：表，画像，図形の挿入，各種グラフの作成，テキストボックスの追加など
④ ［デザイン］タブ：スライドのテーマやバリエーションの変更と設定など
⑤ ［画面切り替え］タブ：スライド遷移のアニメーション効果の設定など

⑥ ［アニメーション］タブ：スライド上のテキストやオブジェクトの開始，強調，終了などのアニメーション効果の設定など

⑦ ［スライドショー］タブ：プレゼンテーションを実施する際に，スライドショーの再生，フルスクリーンへの切り替え，リハーサルの実行など

12.2.2　テキストの入力

PowerPointで使用するテキストは，すべて「テキストボックス」に入力されます。図12.3のように，「テキストボックス」は，カーソルを使って素早くかつ直感的に移動でき，ホームタブを使いサイズや背景色も編集できます。

図12.3　テキスト入力

12.2.3　スライドを追加する

編集画面左端のスライドサムネイルで，新たに追加したいスライドの場所を選択し，「ホーム」タブの「新規スライド」をクリックします。図12.4のように，メニューから希望のレイアウトを個別に選択することも可能です。

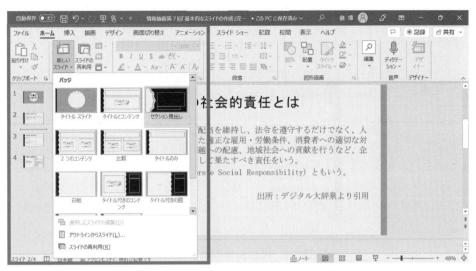

図12.4　スライドの追加とレイアウトの選択

12.2.4　ワードアート

　「ワードアート」機能を使えば，テキストを目立たせるための特殊効果を簡単に追加できます。図12.5のように，まず，「挿入」タブをクリックして「テキスト」を展開します。「ワードアート」から希望のスタイルを選択し，必要に応じてテキストをカスタマイズします。

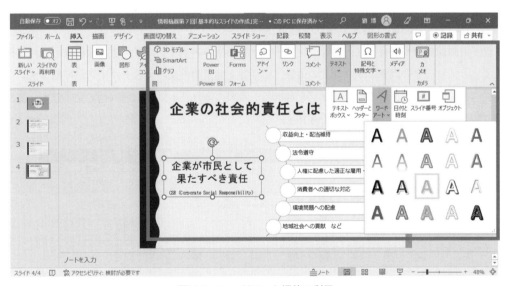

図12.5　ワードアート機能の利用

12.2.5　表とSmartArtの活用

　図12.6のように，「挿入」タブを利用して，表，図形，SmartArt，グラフなどを追加することができます。

図12.6　表とSmartArtの活用

12.2.6　画像の追加と編集

　PowerPointでは，「挿入」タブを利用して，パソコンやインターネットにある画像やイラストをスライドショーに挿入することができます。また，スライドに画像やイラストを追加して，アーティスティック効果の適用，色の変更，ボーダーの追加，背景の削除，画像の圧縮など，さまざまなカスタマイズが可能になります。

12.2.7　スライドの切り替え効果の追加と編集

　スライド画面の切り替えとは，プレゼンテーションで次のスライドに移動する際に表示される視覚効果です。スピードの調整，サウンドの追加，切り替え効果の外観のカスタマイズが可能です。

　図12.7のように［画面切り替え］タブを選択し，希望の切り替え効果を選択して完了です。また画面切り替えをプレビューで動作確認できます。

図12.7　スライド画面切り替え

　より詳細な設定は，［効果オプション］をクリックして，切り替えの方向と種類を選びます。［すべてに適用］を選択すると，プレゼンテーション全体に同じ画面切り替え効果を素早く追加することができます。

12.2.8　アニメーション効果の追加と編集

　PowerPointでは，プレゼンテーションのテキスト，画像，図形，表，SmartArtなどに個別にアニメーションを設定することができます。開始や終了のスタイルやタイミングはもちろん，移動させることも可能です。

　図12.8のように，SmartArtが表示されるときのアニメーションを設定したい場合は，まずSmartArt本体をクリックしてから，「アニメーション」タブに切り替えます。次に，アニメーションの種類を選択し，「効果オプション」を設定すれば完了です。

図12.8　アニメーション効果の追加

12.3　練習問題

　PowerPointを使って，図12.9のような「企業の社会的責任」に関するプレゼンテーション資料を作成してください。なお，テーマは「バッジ」，バリエーションの配色は「青」に設定すること。

　※　設定のポイント
　　①　画面切り替えの効果を「図形」に設定し，すべてのスライドに適用する。
　　②　スライド3の箇条書きにアニメーション「アピール」を「すべて同時」に設定する。
　　③　スライド4のSmartArtにアニメーション「ブラインド」を「個別アクション」に設定する。

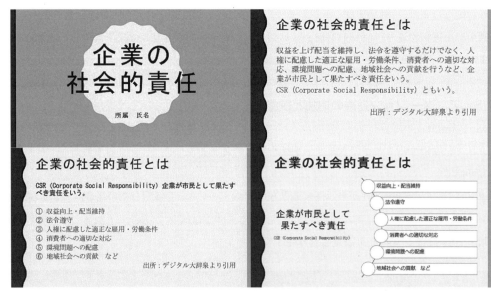

図12.9　課題の完成イメージ

※　作成のヒント
　①　スライド3の箇条書きは,「ホーム」タブの「段落番号」機能を使用します。
　②　スライド4のSmartArtは,「挿入」タブの「SmartArt」機能を使用し,「縦方向カーブリスト」を選択します。
　③　スライド4のSmartArtにアニメーション効果を設定する際は,「効果のオプション」にある「個別」を選択します。

メモ欄

13章　完成，提出（担当：渡辺）

13.1　提　　出

　チェックがすべて終了し，レポート・論文が完成したら，期限内に提出を済ませます。

　レポートや論文の提出方法は，主に次の2つがあります。

13.1.1　Web上で電子ファイルとして提出する

　大学の「Web学生システム」や授業支援システム（「WebClass」など）を通じて提出する場合です。この場合，提出場所のページと提出ファイルの形式（PDFファイルやWordファイルなど）に注意します。また，提出の不備がないか，確実に提出ができたかを「提出済みファイル」などを参照して確認します。提出したつもりで未提出の場合は「不可」になります。

13.1.2　指定の提出BOXなどに印刷物として提出する

　印刷物として提出する際に注意すべき点は，用紙サイズとホチキス留めです。用紙はA4サイズを用い，横書き・タテ版の場合，左上をホチキスで留めて提出するのが原則です。用紙がB5サイズやルーズリーフになっていたり，ホチキス留めをせずに角を折り込んで提出したりする例が散見されますが，この方法は不適切ですから，受け取ってもらえなかったとしても異議は申し立てられません。

　いずれの場合も，提出方法の指示にしたがい，提出期限に余裕を持って提出できるよう心掛けましょう。

　また，万一，やむを得ない理由で提出期限に間に合わない恐れがあるときは，前もって担当教員に連絡し，事情を伝えた上で相談しましょう。

13.2　提出間際のトラブルを未然に防ぐ

　せっかく完成度の高いレポートが仕上がりつつあっても，提出間際に思わぬトラブルに見舞われる例も少なくありません。それらのトラブルが発生したとしても，レポートや論文の提出が終わるまでの過程の責任は，すべて提出者にあることを忘れてはいけません。ここでは主なトラブルと対策を紹介しますので参考にしてください。

13.2.1　保存忘れ

　ファイルを作成している最中に突然，コンピュータがフリーズしたり強制終了したりして，それまで作成していたファイルが消えてしまうことがあります。それまでの作業を逐次保存していないと，作業の成果が台無しになってしまいます。こまめに上書き保存（Ctrlキー＋Sキー）をしたり，クラウドを通じて自動保存モードに設定した上で作業したりするなどの工夫が必要です。

13.2.2　コンピュータのトラブル

　提出間際の余裕のないときに限って，コンピュータが不調に陥ることがあります。時間を置いたり，

ソフトウェアの更新を実施したりすると改善する場合もありますが，コンピュータが起動しない場合，コンピュータ内のみに作成ファイルが保存されていると，ファイルを開くことができなくなります。

13.2.3　データの消失

　上記のようなトラブルでもっともダメージが大きいのがデータそのものの消失です。コンピュータの故障だけでなく，USBメモリに保存していたデータファイルは，静電気や浸水などの物理的なトラブルなどが原因で消失してしまうことがあります。コンピュータの故障の場合はやむを得ませんが，USBメモリだけにファイルを保存しておくのは消失のリスクが高く，避けるべきといえます。

13.2.4　トラブルを未然に防ぐために

　前記のようなトラブルを防ぐためには，次のような方法があります。

　まず最も重要な対策として，「こまめに上書き保存を行う」のが基本です。作業をしていると，つい保存をするのを忘れてしまいがちですが，一文を書いたら上書き保存するなどの習慣をつけましょう。埼玉大学の在学生には，Office 365の全学統一認証アカウントが付与されています。このアカウントでOneDriveというクラウドサービスにログインした状態で，保存先をOneDriveにしてファイルを作成すると，自動保存機能を利用することができます。作業を自動で保存してくれるので大変便利です。ただし，高度なワードやエクセルの機能はOneDrive上は使えないので，大学のメールアドレスで自分から自分宛に，毎授業ごとに送信をして保存しておきましょう。

　上書き保存だけでなく，「ファイルを複数箇所に保存し，どこからでも取り出しができるようにする」ことも重要です。コンピュータ本体，クラウドサービス，USBメモリなど複数の場所にファイルを保存し，1箇所にトラブルがあっても他の手段で容易にアクセスできるようにすることが大切です。

　いずれの対策としても，クラウドサービスを利用することは大変有用です。MicrosoftのOneDriveをはじめ，AppleのiCloud，Google Drive，Dropboxなど，現在では簡単に利用できるクラウドサービスが多数あります。スマートフォンアプリと組み合わせて利用することもできますので，使いやすいものを選択してください。

13.3　練習問題

問　題

〔問1〕　次の1〜4の説明のうち，正しいものを<u>すべて</u>選べ。

　1　論文では，自分の研究成果とこれまでの先行研究を区別しないで記述してよい。

　2　自分が正しいと思う情報であれば，その真偽を検証する必要はない。

　3　信頼性が保証できない情報は，学術的な文章に用いない方がよい。

　4　自分の好みや興味のある情報を受け取れれば，メディアリテラシーは十分備わっているといえる。

〔問2〕　フォーマットに関する(1)〜(3)の各問に答えよ。

　(1)　Microsoft Office Wordでフォーマットを作成するとき，「余白」の設定に使う「ページ設定」が含まれるタブの名称を答えよ。

　(2)　一般に，レポートや論文の本文に用いる書体の総称を答えよ。

　(3)　一般的に，レポートや論文の作成の際に用いる用紙のサイズを答えよ。

〔問3〕　以下の(1)〜(3)で説明されているデータベースの名称を，1〜3のうちから<u>もれなく</u>選べ。

　(1)　大学図書館に所蔵されている図書・雑誌を検索できるデータベース

　(2)　日本の論文・記事を検索できるデータベース

　(3)　国立国会図書館に所蔵されている種々の資料やデジタルコンテンツを検索できるデータベース

　　1　NDL ONLINE　　　　2　CiNii Books　　　　3　CiNii Research

〔問4〕　図書館に関する(1)・(2)の各問いに答えよ。

　(1)　以下の①〜③で説明されているものを，それぞれ<u>アルファベット4字の略称</u>で答えよ。

　　①　多くの図書館で採用されている，蔵書目録を検索できるシステム

　　②　雑誌をはじめとする逐次刊行物のタイトルごとに割り当てられるコード

　　③　図書1冊ごとに割り当てられるコード

　(2)　図書館では，資料はどのような順かつどのような形（アルファベット）で配架されているか。

〔問5〕　以下の(1)〜(4)のデータベースで調べることができる内容を，1〜4のうちから<u>もれなく</u>選べ。

　(1)　朝日新聞クロスサーチ，ヨミダス歴史館

　(2)　eol

　(3)　ジャパンナレッジLib

　(4)　Westlaw Japan

　　1　有価証券報告書　　　　2　意味や定義のわからない用語　　　　3　新聞記事

　　4　法律や法令，判例

解答と解説

〔問1〕 答 3

解説

　1では,「区別しない」が誤り。自身の研究成果と先行研究は明確に区別しないと「剽窃」や「盗用」になるので注意する。

　2では,「検証する必要はない」が誤り。たとえ,自分では正しいと思っていても,その真偽を信頼できる情報源を用いて必ず確かめなければならない。

　3は正しい。

　4メディアリテラシーは,「客観性と信頼性が担保された情報を正しく選び取る能力」をいう。個人の嗜好に沿うようカスタマイズされた情報を受け取るだけでは,メディアリテラシーがあるとはいえない。

〔問2〕 答 (1) レイアウトタブ, (2) 明朝体(みんちょう), (3) A4

〔問3〕 答 (1) 2, (2) 1・3, (3) 1

注意 (2)は,NDL ONLINEからも検索することができる。

〔問4〕 答 (1) ① OPAC, ② ISSN, ③ ISBN ／ (2) 請求記号順でZ字型に配架

〔問5〕 答 (1) 2・3, (2) 1, (3) 2, (4) 3・4

注意 (4)の新聞記事は,Westlaw Japanからも近刊について閲覧が可能。

14章　高度なドキュメント作成技法（担当：深水，渡辺）

14.1　本章で身につけるべき事柄

　13章までは，基本的なアカデミック・スキルを中心に学んできました。本章では，これら基本的な考え方や技術をもとに，より高度なドキュメント作成技法を身につけます。

　ドキュメントデータをひとつのファイルでまとめて作成する手法や，図形描画の方法，WordやExcelのデータを統合的に扱う技術などを中心に学習を進めます。最後に，目次（図表目次も）作成や，文献リスト作成も扱います。今まで，複数のファイルを作成し，印刷後に一つのドキュメントとして完成・提出等をしていた方々には，ぜひ，これら上級者向けの技能を習得していただき，まとまった形式でのドキュメントづくりを実践してください。

　なお，論文やレポートの作成において，注力するべき部分はコンテンツのクオリティです。クオリティを上げるためには，思考する時間をより多く取る必要があります。より高度なドキュメント作成技法を習得することで，本来必要な調査や思考に時間をかけられるようになることが最終目標です。

14.2　認識不足による効率の悪い機能設定や操作（Enterキーの押下を事例に）

　文書を作成している途中，行末でEnterキーを押下すると「改行」になると思ってはいませんか。その認識は正しくありません。正確には「改段落」になるのです。改行と改段落は異なった概念ですが，多くの方々は，Enterキー押下＝改行と思い違いをしています。

　Wordでは，段落単位に書式等を設定することがよくあります。例えば，「段落記号（箇条書き記号）」はその典型例です。図14.1のように段落記号を設定し，行末でEnterキーを押下すると，次の段落にも前の段落の書式（段落記号）が引き継がれます。

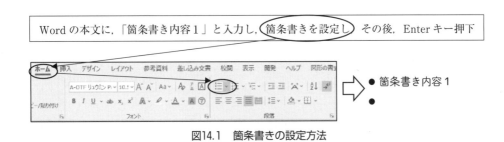

図14.1　箇条書きの設定方法

　一行を入力した後に，その行を中央揃えに設定し，行末でEnterキーを押下すると，次の行も中央揃えになるのも改段落が原因です。また，ひとまとまりの段落中で，改行をしたい場合も，単純なEnterキー押下では対応できません。このように，認識不足による効率の悪い機能設定を用いている場合が多くあります。本章では，このような認識不足についても問題を整理しつつ，技能向上を目指します。つまり，理論的な理解をした上で，ドキュメントを作成する技術を身につけていただく手法をとっています。ぜひ，理論についても学修をしてください。

　なお，Enterキー押下には，主に3つのバリエーションがあります。一つは，文末（行末）で単純に押下する方法。これは，改段落です。次に，Shiftキー＋Enterキーの押下で，段落内で改行する場

合に用います。最後に，Ctrlキー＋Enterキーの押下で，改ページに相当します。

　いずれのEnterキー押下も，それまでの書式等の属性を，次に継承します。改ページの場合も，その前のページ書式をそのまま引き継いでいますよね。よって，同じ書式を連続したページで用いることができるのです。でも，ページごとに異なった書式を付けたい場合もあるはずです。表紙の書式と本文の書式を変えたい場合などは，これに該当します。よく，表紙だけを別のファイルに作成する方がいますが，それは，効率よいドキュメント作成ではありません。つまり，改ページだけがページを改める方法ではないのです。

14.3　セクションという概念

　Wordには「セクション」という概念があります。異なったセクションでは，文書の属性（書式など）が変更できます。いままで，改ページのみでページを変更していた方は，「一つのセクション」を用いていたのです。よって，同一書式の文書（ドキュメント）しか作成できなかったのです。セクションは，複数のページにまたがっても，1ページ中に複数のセクションを用いても構いません。より柔軟なドキュメント作成は，まず，セクションを理解し，用いることから始まります。まずは，表紙と本文，参考引用文献リストの3つのセクションに分けたドキュメント作成方法について解説します。

⑴　表紙の作成（書式は特に設定せず，標準の文字数・行数等）
　　図14.2は表紙の例です。

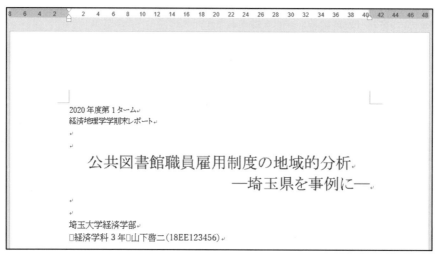

図14.2　表 紙 の 例

⑵　まず，表紙ページ最終行にカーソルを移動して，図14.3のようにセクション区切りを挿入します。

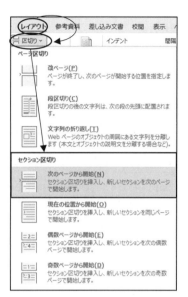

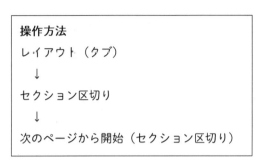

```
操作方法
レイアウト（タブ）
   ↓
セクション区切り
   ↓
次のページから開始（セクション区切り）
```

図14.3　セクション区切りの挿入方法

　セクション区切りは，現在カーソルのある場所（現在の位置）からでも，次のページからでも設定可能です。今回のように，「次のページから」とすると，自動的に改ページも行われ，次のページの先頭行にカーソルが移動します。因みに，セクションには通番が付加されます。セクション区切りを行うと図14.3のようになります。セクション番号は，ステータスバーのユーザー設定でチェックを入れておくと図14.4のように画面最下部のステータスバーに表示されます。

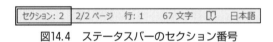

図14.4　ステータスバーのセクション番号

(3)　本文ページの書式を変更（余白左右上下25mm，文字数44文字，行数42行に設定）
　図14.5は現在の書式変更前の状態を表しています。

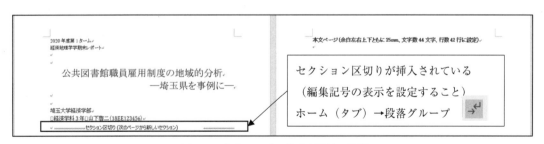

図14.5　本文ページの書式変更前の状態

　図14.6のようにページの設定をします。

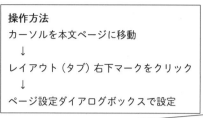

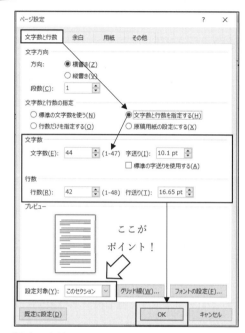

図14.6　ページ設定の方法

　ここでのポイントは、「設定対象がこのセクション」になっていることです。これにより、セクション単位の設定が可能になるのです。図14.7が本文ページの書式が変更された状態です。

図14.7　書式変更後の状態

(4)　参考引用文献リストページの作成

　本文ページ（2ページ目）で改ページを行い、3ページ目にセクション区切り（次のページから）を挿入します。4ページ目は、余白左右上下ともに15mm、文字数47文字、行数42行に設定。設定方法は(3)と同様に行ってください。図14.8は設定後の状態（カーソルは4ページ目にある）です。

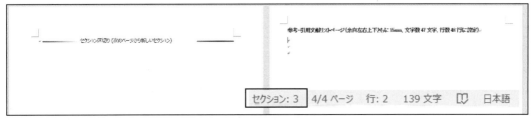

図14.8　書式設定後の状態

　4ページ目の参考引用文献リストページは，セクション3となり，表紙ページや本文ページとは異なるページ設定（書式）ができています。

　このようにして，セクションを区切ることで異なったセクションに異なったページ設定が可能です。ページ設定は，余白や文字数・行数だけではなく，用紙の向きや縦書き・横書きの設定もできます。よって，横に長いExcelの表を横向きのページに貼り付けることも可能です。

　また，セクションでは，ヘッダーやフッターの制御も行えます。それでは次に，ヘッダー・フッターのコントロールをしてみましょう。

(5)　ヘッダー・フッターのコントロール

　通常，同じセクションでは同じヘッダーやフッター情報が継承されます。ページ番号のように，連続性があるものは順次加算されますが，それ以外の情報は同一情報です。

　セクションごとに，上記情報を変更する場合は，ヘッダーやフッターの編集から可能です。前のセクションからの継承を外してしまえば，当該セクション独自の情報を設定することができます。

　まずは，本文ページにページ番号の設定をしてみましょう。わかりやすいように，ヘッダーの右側にページ番号を挿入します。図14.9のようにして設定します。

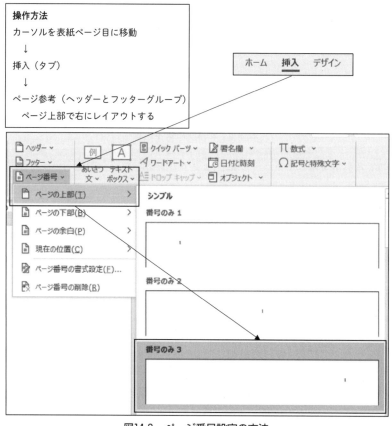

図14.9　ページ番号設定の方法

図14.10はページ番号設定後の状態です。

図14.10　ページ番号設定後の状態

　次に，表紙にはページ番号を振らずに，最初の本文ページからページ番号を振る作業を行います。具体的には，ヘッダーの編集から，本文ページ以降の継承を外し，表紙ページのページ番号を削除します。更に，本文ページのページ開始番号を1として，それ以降のページに連番継承します。図14.11のように行います。

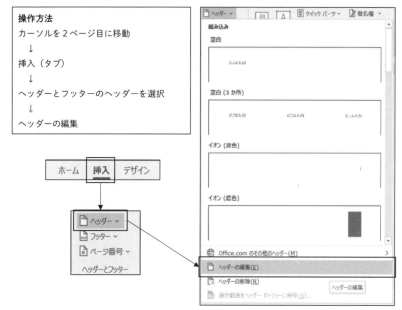

図14.11　本ページのみにページ番号を付ける

　ヘッダーの編集を選択すると，本文のヘッダー部分にコントロールが移動します。ヘッダーやフッターの編集は，本文編集とは異なった仕組みになっており，ヘッダー等の編集や設定中は，本文の編集ができません。本文の編集をする場合は，本文部分をダブルクリックすると，コントロールが本文に移動し，編集等の作業が可能になります。同様に，本文の編集中に，ヘッダーやフッター部分をダブルクリックすることで，コントロールが移動し，直接，ヘッダーやフッターの編集・設定が可能になります。

　ヘッダーの編集作業時に，「ヘッダーとフッター」（タブ）が選択されていると，「ナビゲーション」部分に，継承属性が表示されます。「前と同じヘッダー／フッター」部分がそれです。2ページ目のヘッダー部分にも，前と同じ属性が示されています。これは，「前のヘッダー（あるいはフッター）の属性を継承」していることを示しています。この属性継承を外すことで，当該セクションで独自のヘッダー・フッター情報（ページ番号も）の設定ができます。操作方法は，図14.12のようにナビゲーション部分の，前と同じヘッダー／フッターをクリックするだけです。

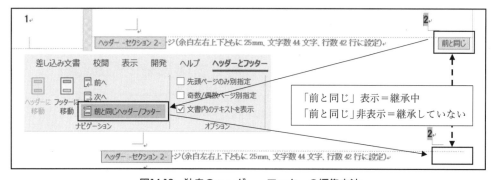

図14.12　独自のヘッダー・フッターの編集方法

次に，図14.13の手順で表紙ページのページ番号を削除します。

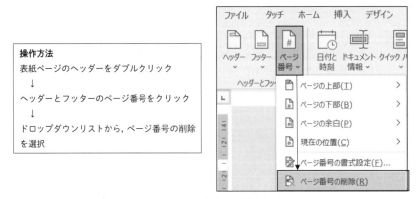

操作方法
表紙ページのヘッダーをダブルクリック
　↓
ヘッダーとフッターのページ番号をクリック
　↓
ドロップダウンリストから，ページ番号の削除
を選択

図14.13　ページ番号の削除方法

最後に，図14.14の通りに本文最初2ページ目のページ番号を「1」から開始する設定を施します。

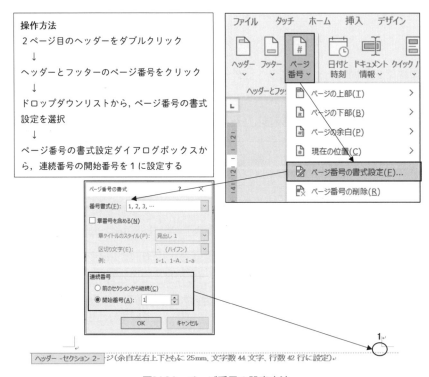

操作方法
2ページ目のヘッダーをダブルクリック
　↓
ヘッダーとフッターのページ番号をクリック
　↓
ドロップダウンリストから，ページ番号の書式
設定を選択
　↓
ページ番号の書式設定ダイアログボックスか
ら，連続番号の開始番号を1に設定する

図14.14　ページ番号の設定方法

　また，前セクションとの継承が必要な場合は，同様に，前と同じヘッダー／フッターをクリックすることで，継承設定が可能となります。

⑹　段　組　み
　段組みとは，1ページ中に複数の段を設定し，文書を分割して作成・表示する仕組みです。通常，新規作成文書の場合は，「1段組み」になっています。段組みは，あるページ設定の中に，異なった

設定（複数段による）を挿入しますから，前後にセクション区切りが自動挿入されます。論文の作成形式の中には，２段組みで作成するように指示されることもありますから，段組み設定（解除）についても，理解し操作できるようになる必要があります。

　本文１ページ目に，２段組みの設定をしてみます。文字が入力されていないので，改段落を長めに入れて，２段組みになることを確認しましょう。図14.15は２段組み設定前の状態です。

図14.15　２段組み設定前の状態

　上記の状態から，段組みにしたい行（今回は16行分）を選択し，図14.16の方法で２段組みの設定をします。今回は，わかりやすいように，４行目から16行分範囲選択をします。

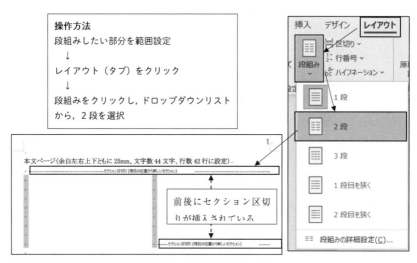

図14.16　段組みの方法

　段組みは，設定時に選択された部分だけ異なった書式設定になっているので，前後にセクション区切りが挿入されます。表紙や目次ページ以外のすべてのページを２段組みにしたい場合は，後ろのセクション区切りを削除し，そのセクションの書式設定を図14.17の手順で「２段組み」に変更します。

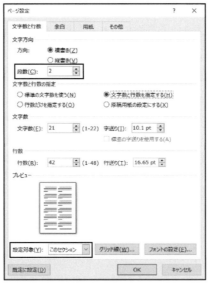

図14.17　2段組みの設定

　段組みにおいては，「段区切り」という概念があります。段区切りは，段組み文書の途中で，その段での入力を終え，次の段の先頭に入力を移すことです。段区切りを挿入することで，柔軟な段組みによる文書作成が可能になります。作成中の文書に，段区切りを挿入しましょう。図14.18のように左段の6行目に段区切りを挿入します。段区切りが挿入され，左段の途中で改段されていることがわかります。必要に応じて，段区切りも使用するとよいでしょう。

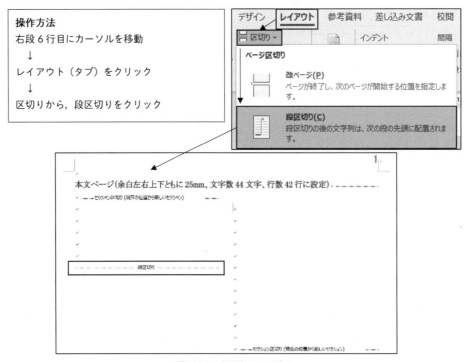

図14.18　段区切りの挿入

14.4　タブやインデントの概念（行中の文字列位置をコントロールする＝レイアウトの基本）

　行内の文字列コントロールの代表例は，中央揃えや右揃えです。しかし，行頭を通常の位置からずらして作成したい，行頭位置を複数行にわたって揃えたいなどの要求も必ずあります。その場合に用いる機能が，タブやインデントです。

　よく，行頭位置を揃えるのに，スペースを使っている方がいますが，スペースは書式を変更するとずれてしまうことがあるので，用いるべきではありません。行頭や文字位置を一定間隔に揃えるにはタブを用い，行先頭や，行末に通常の余白より内側に空間を取る場合はインデントを使用します。

(1)　タブの基本と種類

　タブはタブキー（Tabキー）を使って設定します。初期値のタブは4文字ごとに設定されています。よって，タブキーを1回押下するごとに4文字分位置が移動します。これを使って，文字位置をコントロールすることができます。図14.19は先頭行で数回タブキーを押下した状態です。

図14.19　数回タブキーを押下した状態

　図14.20はタブ（左揃え）によって同じ文字間隔で入力した状態です。タブ機能を使えば，文字列の位置を簡単に揃えることができます。

図14.20　タブによって同じ文字間隔で入力した状態

　それでは，タブにはどのような種類があるのでしょうか。上記のタブは文字列の先頭を揃えているので，「左揃えタブ」です。タブには，その他に「中央揃えタブ」，「右揃えタブ」，「小数点揃えタブ」，「縦棒タブ」があります。縦棒タブは文字列の間に縦棒を入れるためのもので，位置揃えのタブとは異なっています。それ以外のタブは，位置揃えに用います。

　タブの種類は，垂直ルーラーの上部に表示されています。表示されているタブの設定がタブキーで可能です。ルーラーの表示がされていないと，タブの種類も表示されません。表示（タブ）から，ルーラーの項目にチェックを入れて表示させてください。タブの種類は，図14.21のようにタブのマークをクリックすることで，変更できます。

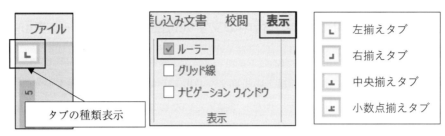

図14.21　タブ種類表示方法

　各種類のタブ位置は4文字間隔（初期値）ですが，自由に変更することもできます。変更するには，タブマーカーを水平ルーラーに付加します。タブマーカーは，マウスで，水平ルーラー中をクリックすれば付加できます。付加したタブマーカーは，ドラックすることで，位置変更が可能です。

　図14.22は左揃えタブを4文字目，10文字目，16文字目に設定した状態です。

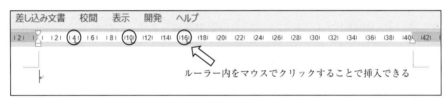

図14.22　左揃えタブの設定

　設定したタブは，段落単位の設定です。改段落をすることで，次の段落に継承されます。また，設定したタブ位置を解除する場合は，タブマーカーをルーラーの外にドラックすれば解除できます。

⑵　インデントの基本と種類

　インデントは，ページ設定されている余白から内側に文章を入力しない部分をつくるための機能です。行の先頭から内側（横書きだと右側）に文字を入力しない部分を作る場合，「左インデント」の設定をします。逆に，行末で左側に文字を入力しない部分を作る場合は，「右インデント」を設定します。

　インデントは，段落単位に設定されます。タブと同じで，改段落をすることで，次の段落に継承されます。複数行に渡る段落の場合は，1行目のインデントとそれに続く2行目以降のインデントを個別に設定可能です。1行目のインデントは「1行目のインデント」，続く2行目以降のインデントは「ぶら下げインデント」と表現します。各インデントのコントロールは，図14.23の水平ルーラーの左側にある，インデントマーカーで行います。

図14.23　インデントのコントロール方法

　インデントマーカーは，図14.24のようにインデントの種類分，つまり，4種類用意されています。

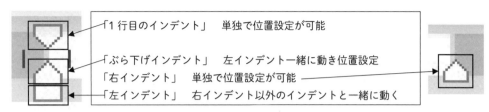

図14.24　インデントの種類

　各インデントマーカーをドラックして，位置を変更する場合は，マウスポインターをマーカーにポイントし，インデント名が図14.25のように表示されてからドラックするようにします。

図14.25　インデント名が表示されている状態

図14.26は各インデントを設定した状態です。

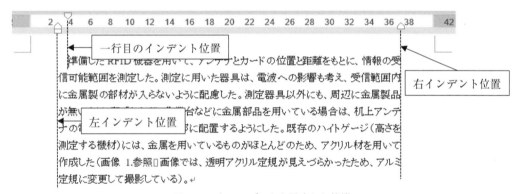

図14.26　各インデントを設定した状態

　タブとインデントを利用することによって，柔軟なレイアウトのドキュメントが作成できます。よって，スペースをレイアウトの調整に使用することは厳禁です。

14.5　オブジェクトの概念

　Wordでいうオブジェクトを簡単に述べると，「文字以外のもの」と考えればよいでしょう。例えば，図形や画像，動画や音声もオブジェクトの範疇に入ります。Excelで作成した表やグラフをWordに挿入する場合も，オブジェクトとして挿入すれば，簡単に見栄えのよいドキュメントが作成できます。

　オブジェクトの扱い方は全て同じです。もっとも簡単に利用できるオブジェクトは図形ですから，ここでは図形描画をもとに，オブジェクト操作を学びましょう。簡単な図形を描くことができれば，ドキュメントの訴求力も高まります。

(1) 図形描画の基礎

Wordでは，様々な図形描画が可能です。専門のソフトウェアのように，複雑な図形は描けませんが，基本的な図形はWordだけでも十分に作成可能です。図形の一つ一つは，単独のオブジェクトです。複数の図形を描画すると，各オブジェクトがバラバラなので，移動やコピーが難しいと嘆いている方をよく目にします。それは，「グループ化」という機能を知らないためです。ここでは，各オブジェクトの関係や重なり，グループ化の概念，文字との関係などを含めて理解を進めていきましょう。

まず，図形の描き方です。Wordでは，挿入（タブ）の図形に各種図形が用意されています。その中から図14.27のように描く図形をクリックし，表示したいところでドラッグすれば描画終了です。

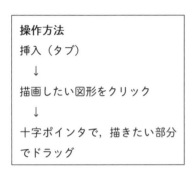

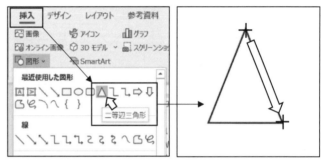

図14.27　図形の書き方

図形は，図14.28のように選択をして属性（色や形など）を変更します。選択された図形には，ハンドルが付き，ハンドルをドラッグすることで変形させることが可能です。同じ形で移動させるには，図14.29のように図形上（未選択でも可）で，十字矢印ポインターが表示されている状態でドラッグします。

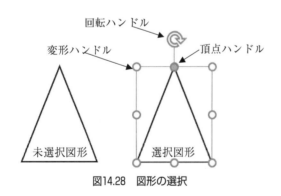

図14.28　図形の選択

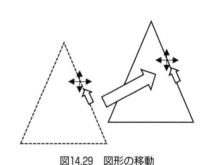

図14.29　図形の移動

　図形をコピーする場合は，図14.30のように文字列同様に「右クリック→コピー（ショートカットメニュー）→貼り付け場所で右クリック→貼り付け（ショートカットメニュー)」でも可能ですが，キーボードとの組み合わせ動作のほうが簡単です。上記図形の移動の時に，コントロールキー（CTRLキー）を押したままドラッグすればコピーができます。その時，マウスポインターは十字矢印が消え，＋マークポインターに変わります。

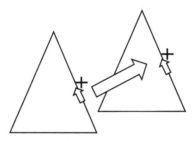

図14.30　図形のコピー

　正方形や正三角形，真円，垂直・水平線などを描く場合も，キーボードキーとの組み合わせで描けます。この場合は，シフトキー（Shiftキー）を押したまま描画動作を行います。シフトキーの合わせ技はこの他に，図形変形にも応用できます。図形の比率（縦横比等）を変えないで，大きさを変更する場合は，シフトキーを押したまま，頂点のコントロールをドラッグすれば相似図形を描画することができます。

⑵　図形の書式設定

　図形には，様々な書式設定項目があります。1次元図形（直線，曲線，矢印線など）では，線の色や太さ，形状が，2次元図形では，（輪郭）線の色，太さ，形状に加え，面の塗りつぶし色，グラデーション，テクスチャなどの設定が可能です。1，2次元図形共に，図形の効果として，影や光彩，ぼかしや3D化も追加できます。

　2次元図形には，面の部分に文字列を挿入することもできます。すでに文字列が挿入できる状態で作成できる図形として，テキストボックス（矩形）がありますが，それ以外の図形にも，テキストの挿入が可能です。テキストを挿入した図形は，図形部分の書式と，テキスト部分の書式を別々に設定することができます。書式設定をしているときは，図形部分の設定なのか，テキスト部分の設定なのかを区別して，操作をすることが重要です。

　書式の設定には，図形を選択してタブ下のリボンを用いる方法もありますが，図形の書式設定ペインを出して操作するほうが簡単で，複合的な設定が可能です。以下では，図形の書式設定を用いた解説を行います。

　簡単な図形の書式設定をしてみましょう。図14.31のように正方形を描画し，書式設定ペインを開きます。

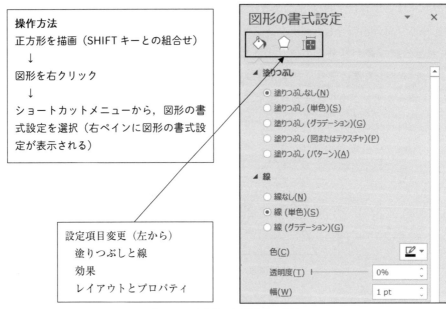

図14.31　図形の書式設定の方法

　四角形の場合は，文字列が挿入されていないので，設定項目は図形のみです。各設定項目をクリックすると，下部のメニューが変更できます。

　テキストボックスのように，図形とテキストが共存する環境では，下記のように，図形と文字のオプションが変更できます（図14.32は，文字のオプション設定）。

図14.32　文字のオプション設定

　次に，正方形に，テキストを追加します。図形を右クリックし，テキストの追加（ショートカットメニュー）で，図14.33のようにテキストが入る図形に変わります（図形の書式設定にも，図形と文字のオプションが選択可能に）。

図14.33　テキストボックスの模様

　最後に，描画した正方形に書式設定を施しましょう。図14.34左の設定を行うと図14.34右のような図形になります。

```
設定事項
※塗りつぶしと線
　・塗りつぶし色：水色
　・線（輪郭線）：赤（幅は4ポイント）
※効果
　・影を付ける（種類は右下，サイズは110%）
```

図14.34　書式設定後の図形

(3)　図形の重なり合いと，文字列との関係（文字列の折り返し）

　描画した図形の重なりは，描画順に下から上に重なります。正方形をひとつ作成し，それを3枚コピーします。その後，各図形に異なった色を設定して重なりを見てみましょう。図14.35のように，描画した順に重なった図形の順番が固定化されていては，自由に図形を描き，配置することが（重ねることも）ができません。図形の重なり合いは，変更したい図形を選択し，その順番（一つ上，一つ下，最前面，最背面など）を変更することで可能になります。

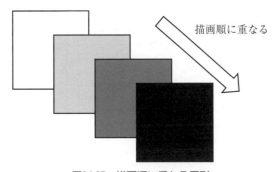

描画順に重なる

図14.35　描画順に重なる図形

　下から2番目の薄いグレーの正方形を，図14.36の方法で一つ前面の濃いグレーの正方形と入れ替えてみましょう。選択した図形をもとに，一つ前面（前面へ移動）や，一つ背面（背面へ移動），一

番上の面（最前面へ移動），一番下の面（最背面へ移動）の設定が簡単にできます。図形の下にテキストが重なっている場合は，テキストの前面，テキストの背面への設定も可能です。

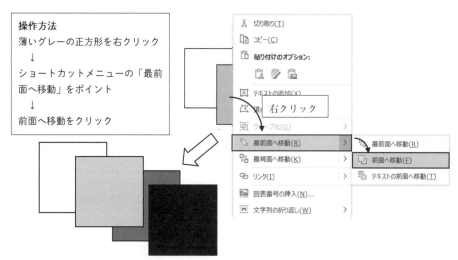

図14.36　重なった図形の順序の入れ替え方法

　図形とテキストの関係は，テキストの背面や前面に図形を重ねるだけではなく，図形の周りにテキストをよけさせることもできます。これは，一度設定しておけば，図形を移動しても設定どおりにテキストが回り込んでくれますから，図形だけではなく，Excelの表やグラフをオブジェクトとして貼りつけた場合にも応用できます。これは，設定項目から「文字列の折り返し」を選択することでできます。主な折り返しの種類には，「四角形」，「上下」があります。その他に，「行」に固定する設定，「背面」，「前面」，「外周」など，いくつかのバリエーションがあります。設定するには，図14.37のように図形を右クリックして，「文字列の折り返し」から設定する方法が一般的です。この方法以外に，図形を選択した際に，図形の右上に現れる「レイアウトオプション」から直接設定することもできます。

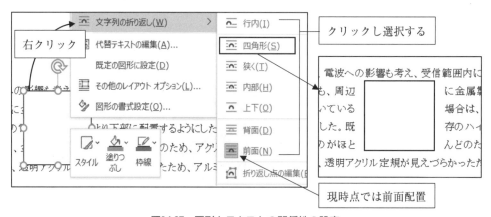

図14.37　図形とテキストの関係性の設定

　図14.37のように，「四角形」に文字列の折り返し設定をすると，文字列は図形を四角形に回り込ん

164

で折り返されます。円形の図形で，図形の周りに文字列を配置したい時は，「外周」を選択しますが，ショートカットメニューにない場合は，「その他のレイアウトオプション」から，文字列の折り返しタブを選択すると，他の設定と共に選択ができます。

　レイアウトオプションから，文字列の折り返し設定を行う場合は，図14.38のような順番で行います。慣れると，右クリックより簡単に設定ができるはずです。これも試してみましょう。最後に，「行内」設定は，自由な場所に図形を移動できないことがあります。位置を変更しない場合のみ，この設定を用いればよいでしょう。

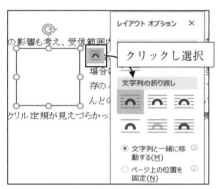

図14.38　文字列の折り返し設定

⑷　図形のグループ化（複数の図形を一つの図形＝オブジェクトにまとめる）

　今まで作成した図形は，個々のオブジェクトとして存在します。作成した図形の総体を，バラバラに取り扱うのは煩雑な作業になります。

　ここでは，複数の図形を一つの図形（オブジェクト）としてまとめ，取り扱う手法を学びます。複数図形を一つの図形（オブジェクト）にまとめることを「グループ化」と言います。グループ化されたオブジェクトは，「グループ解除」することで，元の個々の図形に分けられます。

　グループ化は，段階を踏んでも可能です。よって，グループ化された図形1と，同様にグループ化された図形2を，更にグループ化することができます。一度に，全ての図形をグループ化するより，段階的にまとめるほうがミスも少なく，結局効率の良い作業になります。
簡単な図書館の平面図を作成してみましょう。図14.39のように書架を4列に配置し，左右に閲覧用テーブルを配置します。各図形は独立したオブジェクトなので，まず書架部分を一つのオブジェクトにグループ化します。

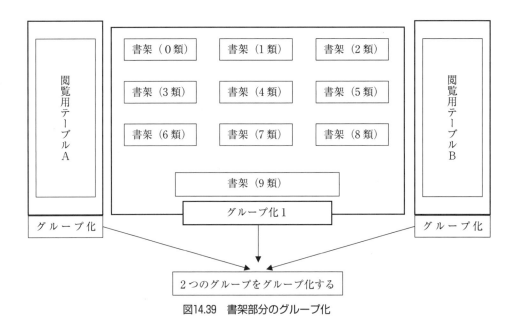

図14.39　書架部分のグループ化

　グループ化するには，まず，図14.40のようにグループ化する図形を同時に選択します。Shiftキーを押しながら，ひとつひとつクリックする方法もありますが，今回は，ホーム（タブ）の編集（グループ）にある「オブジェクトの選択」を用います。マウスポインターが白矢印になるので，同時に選択をするオブジェクトを囲むようにドラッグします。

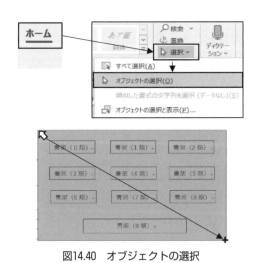

図14.40　オブジェクトの選択

　書架のオブジェクトがすべて選択されるので，どこかの図形を図14.41の通り右クリックしグループ化します。

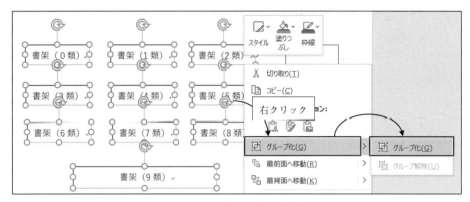

図14.41　グループ化の方法

　グループ化された図形は，図14.42のように一つのオブジェクトとなり，移動・変形も簡単に行うことができます。次に，図14.42のように閲覧用テーブルAを選択後，Shiftキーを押しながらBを選択します（同時に選択）。その後，右クリックから，同様にグループ化することができます。最後に，グループ化された二つのオブジェクトを同時に選択し，再度，グループ化します。これで，全体を一つのオブジェクトにすることができました。

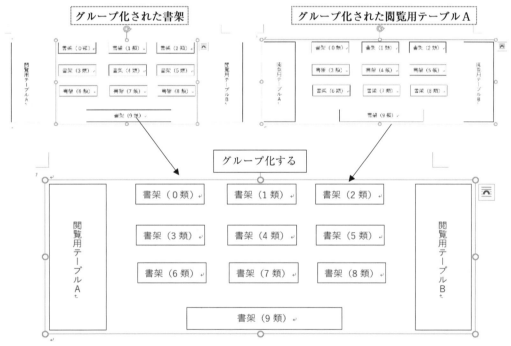

図14.42　グループ化されたオブジェクト

　グループ化されたオブジェクトを，非グループ化する場合（グループ解除）も，オブジェクトを右クリックし，グループ化→グループ解除で，元の個別オブジェクトに分解することができます。段階的にグループ化した場合は，その逆をたどり，段階的にグループを解除する必要があります。

(5) オブジェクトを扱う（Excelで作成した表や図をWordに効率よく貼付け，利用する）

　ここまで，図形描画を中心に解説を進めましたが，ここではオブジェクトについて解説し，その扱い方を習得します。

　Excelなど他のソフトウェアで作成された表やグラフは，Wordにオブジェクトとして貼り付けることが可能です。貼り付けられたオブジェクトは，図形と同じ方法で扱うことができます。図形描画で習得した技法は，そのままオブジェクトを扱う方法として利用できるのです。手順は以下の通りです。

① Excelで作成した表やグラフを範囲選択しコピー

② Wordにコントロールを移す（Word画面をクリックする）

③ ホーム（タブ）の貼り付け（v）から，「形式を選択して貼り付け」をクリック

④ 選択肢から，オブジェクトを選択し，OKボタンをクリック

　これで，オブジェクトとしてWord文書にExcelで作成した表やグラフが貼り付きました。これ以降は，文字列の折り返しや大きさ・位置などの設定を，図形描画と同様に行えば終了です。

　また，オブジェクトとして貼り付ける際に，通常の「貼り付け」と「リンク貼り付け」の2種類を選択できます。リンク貼り付けは，元のExcelファイルデータを変更した場合，その情報を貼り付けたWordのオブジェクトに変更内容を反映する仕組みです。一見便利に見えますが，ファイルの位置によっては，更新しないこともあるので，通常の貼り付けをお勧めします。

　このオブジェクトとして貼り付ける場合の利点として，オブジェクト内をダブルクリックするとオブジェクト内でExcelの操作ができる点を挙げておきます。部分的な修正や変更は，この方法が便利です。しかし，本来は元データを変更すべきですから，元データを更新したのちに，同じ手法でオブジェクト貼付けを行うべきでしょう。手順は図14.43のように，Wordに貼り付けるExcelデータを範囲指定してコピーした後，Wordにコントロールを移し（Wordのウィンドウを開く），形式を選択して貼り付けオブジェクトとして貼り付けます。

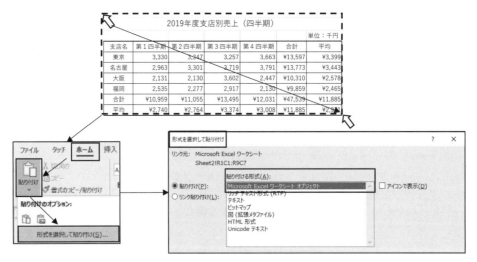

図14.43　オブジェクト添付の方法

貼り付けられたオブジェクトは，図形と同様に，文字列の折り返しを設定し，大きさを調整したのちに，適当な位置に移動すれば完了です。必要に応じて，図表番号も追加します（後述）。

14.6　スタイル（見出し）と目次の作成

⑴　スタイル設定とアウトライン設定

Wordでは，フォントの種類やサイズ，その他の文字列の設定をひとまとめにして「スタイル」という概念で利用しています。もっとも簡単で，利便性が高いのは「見出し」のスタイルです。

見出しスタイルは，「見出し1」，「見出し2」のように既定のスタイルがあり，これは，「章見出し」，「節見出し」に相当します。この見出しを，各章の名称，各節の名称に設定することで，簡単に目次を作成することが可能です。ページが増減しても，情報を更新すれば簡単に変更できます。

目次作成後は，目次項目から本文へリンクが作成されるので，簡単にジャンプすることもできます。

見出しスタイルは，段落に設定されます。範囲指定をしなくても，設定したい行にカーソルがあれば設定可能です。図14.44のように，ホーム（タブ）のスタイルグループから選択します。

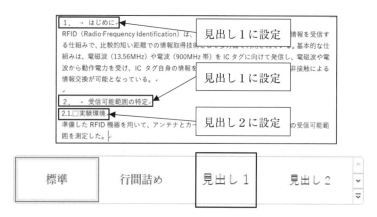

図14.44　見出しの選択

次に，図14.45の順でアウトラインの設定をします。アウトラインは，文書の構造です。レベル1が第1章，レベル2が第1節のように，構造のみを定義しています。この構造と，見出し1や見出し2のスタイルがリンクしてこそ，利便性を発揮します。リストライブラリに，「第1章　見出し1」と表示されているものは，リンクされているアウトラインです。まずは，「第1章　見出し1」のリストをクリックして，章見出しや節見出しが設定されていることを確認してください。

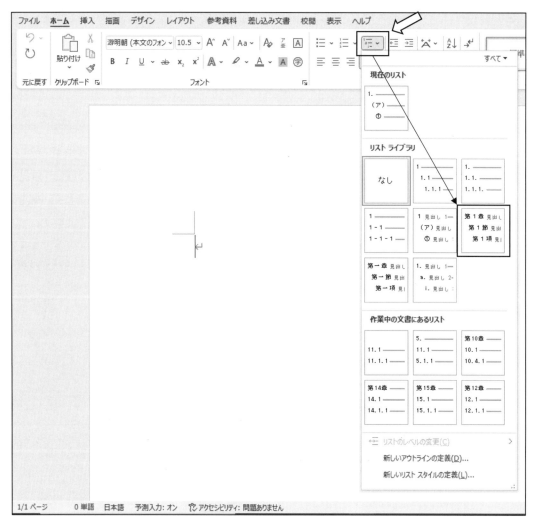

図14.45　アウトライン設定の方法

　リストライブラリを見ると，「1.　1.1　1.1.1」のリストには，「見出し1，見出し2」の情報が含まれていません。つまり，このリストには，見出しスタイルとのリンクが設定されていないのです。よって，以下に，新しいリスト定義（リンクの設定）を，説明します。

　新たなリストの設定には，図14.46のように「新しいアウトラインの定義」から行います。

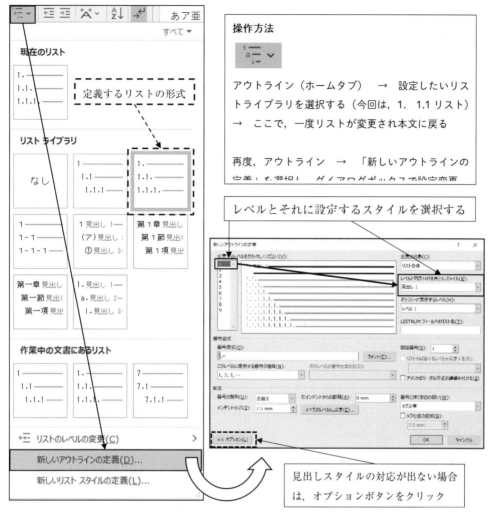

図14.46　新たなリストの作成方法

　実は，このリストは現在作成中の文書の当該部分のみに適用されています。継続的に使う場合は，図14.47の方法でリストライブラリに保存しなくてはなりません。もう一度，アウトライン（ホームタブ）から，定義したリストを右クリックし，「リストライブラリに保存」をクリックしてください。

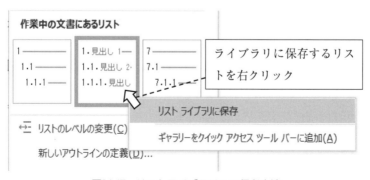

図14.47　リストライブラリへの保存方法

⑵ 目次の作成

　見出しスタイルで設定されている「章見出し（見出し１）」や「節見出し（見出し２）」の情報は，目次を作成するときにも利用できます。以下に，自動的に目次を作成する方法を述べます。

※　前提条件：すでに，本文中に「見出し１」や「見出し２」のスタイルで，章や節見出しが設定されていること。さらに，その見出しスタイルとリストのリンクがなされていること。

　上記の前提条件のもとに，目次作成を行います。新たに目次用ページを作成します。通常表紙の後から作成します。図14.48の方法でカーソルを，目次を作成する行に移動します。

図14.48　目次用ページの作成

　そして，図14.49のように，参考資料のタブから目次をクリックし，「自動作成の目次２」をクリックします。

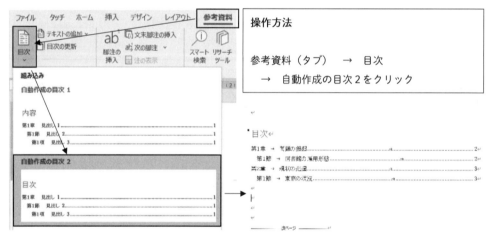

図14.49　目次の設定方法

　先の，前提条件が整っていれば，ページが増減しても，見出しの内容が変更されても，目次の更新をすれば目次内容は，自動的に変更されます。目次の更新は，図14.50のように参考資料（タブ）の目次グループにある「目次の更新」から行います。

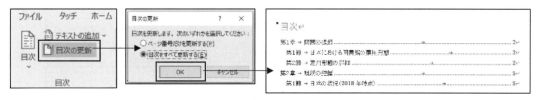

図14.50　目次の更新

　また，目次項目をマウスでポイントし，図14.51のようにCTRLキーを押しながらクリックすると，当該項目の本文にジャンプする機能もあります。

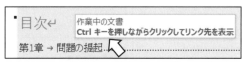

図14.51　当該項目の本文にジャンプする機能

14.7　図表と図表番号，図表目次の作成

⑴　図表番号の作成

　本文に添付した図や表に付ける番号を図表番号といいます。図表番号は，見出しスタイルと連動させれば，第1章の1番目の図表（図1-1）という表記もできます。番号は連番で自動作成されますので，混乱することもありません。さらに，オブジェクトとして貼り付けられた図表に，この図表番号を付すことで，図表目次が簡単に作成できます。前述の目次同様，更新すれば，図表の順番や番号が変わっても，あるいは，ページの順番が変わっても自動的に更新されます。リンクも目次同様に利用できます。

　図表番号の書式を設定するためには，次頁図14.52の手順で行います。章番号を含めると，後記図14.52内に示されている「図2-1」（左下図）のように，第2章内の図表であることが明示可能です（事前に，章名称に見出し1スタイルを設定する必要があります）。OKボタンのクリック後，図表番号のみのオブジェクトが下にできるので，図表名を入力してください（図形番号ダイアログボックス中の図表番号ボックスでも入力可能）。最後に，図表本体と図表番号のオブジェクトを，グループ化しておくと，一緒に移動できるので便利です。

操作方法
　図表番号を付けたいオブジェクトを右クリック　→　図形番号の挿入（ショートカットメニュー）
　→　ラベル（図か表か）と位置（オブジェクトの上か下か）の設定，番号付けの設定

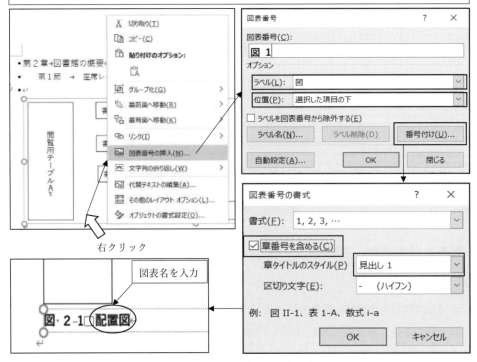

図14.52　図表番号の作成方法

(2)　図表目次の作成

　図表目次は，全体の目次後に，別ページとして作成することが多いので，今回も図表目次用ページ
を設けて作成します。図14.53の方法で行います。

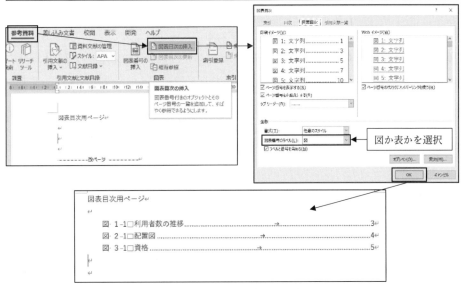

図14.53　図表目次の作成方法

(3)　図表番号と図表目次の更新

　図表を追加した（または削除した），図表を他の章に移動したなどの場合，自動的に図表番号が更新されない場合があります。一番簡単な更新方法は，図表目次部分をクリックし（網掛け状態になる），F9キーを押下することです。同様に，図14.54の通り図表目次部分をクリックし（網掛け状態になる），参考資料（タブ）から，図表グループ中の「図表目次の更新」をクリックする方法もあります。

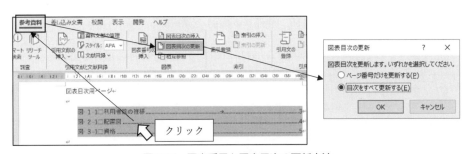

図14.54　図表番号と図表目次の更新方法

　図表目次の項目も，図表番号とリンクしています。CTRLキーを押しながらクリックすると当該図表番号部分にジャンプできます。

14.8　相互参照の設定方法

⑴　相互参照の必要性

　文章を作成していく際に，前の文章に戻って内容や図表，見出しなどを追記する場合があります。この場合，事前に貼り付けられた図表番号などがずれることになり，文章の中で参照している図表番号が合致しない問題が生じます。この問題を防ぐためには，図表番号や見出しの更新と同時に参照しているところも連動して変わる必要があります。それを可能にするのが「相互参照」であり，見出し・図・表などの項目を特定の位置に相互連関させる方法です。「相互参照」が設定された箇所にCtrlキーを押しながらマウスでクリックすると，参照したところに移動されてその内容が表示されるので，参照している箇所が適切であるかどうか判断ができます。

⑵　参照する項目の種類

　Wordで相互参照として連動できる項目は，図14.55のように番号付きの項目と見出し，ブックマーク，脚注，文末脚注などがあります。

図14.55　「参照する項目」を選択する

　Wordで相互参照として連動できる項目は，表14-1のように番号付きの項目と見出し，ブックマーク，脚注，文末脚注などがあります。

表14-1　「参照する項目」から選択できる内容

項　　目	説　　明
番号付きの項目	条書きや段落番号などによって自動的に設定された段落のリストが表示されます。
見出し	スタイルが「見出し」に設定された段落のリストが表示されます。
ブックマーク	あらかじめブックマークとして設定された段落のリストが表示されます。
その他	脚注，文末脚注，図，数式，表などがあります。 それぞれの設定に該当する項目のリストが表示されます。 ※　図と表は事前に「図表番号の挿入」が設定されている場合に限ります。

(3)　相互参照の設定

ここでは，参照する項目を「図」に設定した場合を例に説明します。

① 相互参照を設定したい位置を確認し，図14.56のようにマウスでクリックしておきます。

図14.56　相互参照したいところにマウスをクリック

② 図14.57のように上部メニューの「挿入」タブから「相互参照」を選択します。

図14.57　相互参照を選択する方法

③ 図14.58のように「参照する項目」のリストから参照したい項目を選択します。ブックマークと脚注，文末脚注，図，数式，表などがありますが，ここでは「図」にします。

図14.58　「参照する項目」から選択できる内容

④ 図14.59のように「図表番号の参照先」から参照したい参照先を選択します。最新の図表番号は一番下に位置しているので，注意します。

図14.59 「図表番号の参照先」から参照した項目を選択

⑤ 相互参照によって表示したい文字を設定するために，「相互参照の文字列」のリストから必要な様式を選びます。ここでは図14.60のように「番号とラベルのみ」を選択してみます。

図14.60 「相互参照の文字列」のリストから様式を選択する

「相互参照の文字列」から選べる様式とその内容は表14-2を参考します。

表14-2 「相互参照の文字列」から選択できる様式と内容

項　　　目	内　　　容
図表番号全体	図表番号とタイトルを含めて表示します。
番号とラベルのみ	図表番号だけを表示します。
説明文のみ	図表の説明文（タイトル）だけを表示します。
ページ番号	参照先のページ番号を表示します。
上／下	参照先が参照する位置の「上」なのか「下」なのかを表示します。

⑥ 「参照する項目」と「図表番号の参照先」，「相互参照の文字列」における選択が終わったら「挿入」をクリックします。すると，図14.61のように選択した内容が本文の中で挿入されます。

図14.61　「挿入」ボタンをクリックすると，相互参照が完了する

14.9　文献リスト（参考引用等）の作成と，引用文献情報の挿入

　文献リストの作成は，まず，文献情報の管理から始めます。リストに使用する文献のデータをまとめ，そこからリストを作成します。文献データは，本文中の参考引用情報にも利用可能です。

(1)　文献情報を管理する（資料文献の管理）

　資料文献の管理は，参考資料（タブ）の「引用文献と文献目録」グループで行います。

　まず，図14.62のようにリストを作成する際の「スタイル」を選択します。このスタイル（フォーマット）には，シカゴスタイル（The Chicago Manual of Style），APA（American Psychological Association），MLA（Modern Language Association of America）などがあります。今回は人文科学系でよく用いられる，シカゴスタイルを利用します。

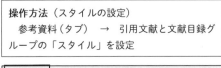

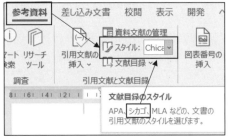

図14.62　資料文献のスタイルの設定

　次に，文献情報を入力します。図14.63のように，参考資料（タブ）から引用文献と文献目録グループの「資料文献の管理」をクリックした後，作成をクリックします。

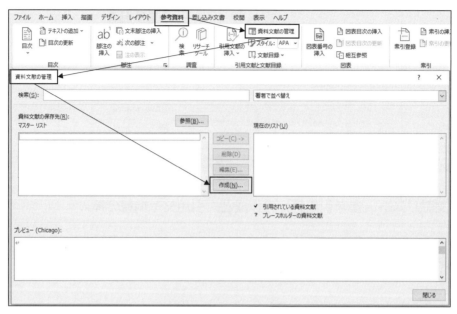

図14.63　参考文献の管理

　図14.64のように，「参考文献の作成」から種類選択をはじめ，必要なデータを入力します。全フィールドを表示することによって多様なデータの入力ができます。

図14.64　参考文献の作成

　資料文献の管理では，図14.65のように自分が保持している全文献のリスト（マスターリスト）と，

今回の論文等で使用する文献のリスト（現在のリスト）を同時に管理できます。現在作成している論文等のリストをマスターリストからコピーし，まとめておくことで，参考引用文献リストの作成や，引用文献情報の挿入が簡単にできます。

図14.65　資料文献の管理方法

⑵　文献リストの作成

　図14.66のように文献リスト作成部分にカーソルを移動し，参考資料（タブ）から引用文献と文献目録グループの「文献目録」をクリックします。「組み込み」から選択すると，スタイルの設定された章見出し（引用文献，参考文献，文献目録）とともに，リストが作成されます。

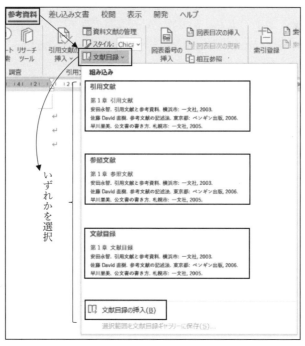

図14.66　文献リストの作成方法

目録（リスト）だけ作成したい場合は，図14.67のように「文献目録の挿入」を選択してください。

深水浩司. "書誌データの XML 化." 社会情報学研究 : 大妻女子大学紀要 社会情報系 [大妻女子大学社会情報学部] 18 [2009].↵
田中恭子. アメリカの金融危機と社会政策 : 地理学的アプローチ. 東京: 時潮社, 2015.↵
―. グローバリゼーションの地理学. 東京: 地潮社, 2017.↵

図14.67　文献目録の挿入

(3)　文献リストの更新とWordにおける問題点

文献リストは，資料文献の管理で情報を変更した場合，各目録を更新しなくてはなりません。一番簡単な更新方法は，図14.68の通りです（目次更新と同じ方法）。これで，更新は完了です。

目録部分をクリックし網掛け状態にする

↓

Ｆ９（ファンクションキー）を押下する

図14.68　文献リストの更新

文献リストの自動作成はとても便利なのですが，Wordの場合，２つ問題点があります。
・　問題点①：日本語（漢字）の場合，並べ替えは文字コード（Shift-JIS）順になる
・　問題点②：同一著者の複数文献情報を，古い順に並べ替えできない

一般的な文献リストは，著者のアルファベット順，五十音順に整列させ，同一著者の文献情報は古いもの順（出版年の昇順）に並べます。それが，Wordではできません。現時点で行える対応策を以下に述べますが，ソフトウェアのバージョンアップ等で対応できるようになった場合は，その機能をご利用ください。
・　問題点①の対応策：著者名の初めに「ひらがなでよみを入力する」→リスト作成後，削除する
・　問題点②の対応策ⓐ：資料文献の管理で「入力した順」に目録を作成するので，事前に入力順を決定
・　問題点②の対応策ⓑ：リスト作成後，部分的に選択してデータを移動する

問題点①は，少し手間はかかりますが，比較的簡単に解決できます。問題点②は二つの対応策がありますが，どちらもやや面倒です。しかし，自動作成の利便性は高く，それをもっても利用するべきだと考えています。

(4)　引用文献情報の挿入

資料文献の管理に，必要な情報が入っている場合，図14.69のようにそれを使って本文部分に引用文献情報の挿入が，簡単にできます。

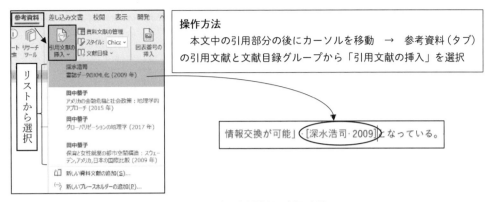

操作方法
　本文中の引用部分の後にカーソルを移動　→　参考資料（タブ）の引用文献と文献目録グループから「引用文献の挿入」を選択

図14.69　引用文献情報の挿入方法

メモ欄

15章　卒業論文の執筆（担当：深水，渡辺） ▬▬▬▬▬▬

　この章では，図15.1のフローチャートのように，テーマの仮設定から完成・提出に至るまでの作業について，重要なポイントを解説しながら，卒業論文の執筆の流れを概観します。また，各節では，Microsoft Office Wordを使って卒業論文を執筆することを考慮して，マスターしておきたいWordの機能や操作方法についても取り上げます。

　なお，フローチャート中では，必要な箇所を参照しやすいよう，各トピックに対応する本書の節番号を付してあります。また，(3)と(4)をつなぐ矢印は，この作業が繰り返し行われていくことを表しています。

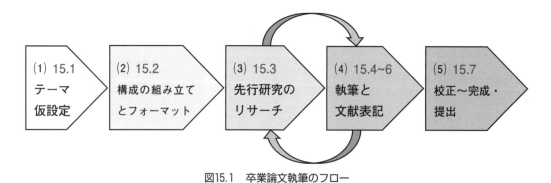

図15.1　卒業論文執筆のフロー

15.1　テーマとタイトルの仮設定，目次の組み立てまで

　執筆に際しては，まずどのようなテーマで論文を執筆するか，およそのフレームワークを組み立てます。また組み立てたフレームワークを活かしながら，論文の主旨を簡潔に伝えるためのタイトルの設定も行います。いずれも執筆の過程で変更が生じることが多々ありますが，スムーズな執筆のために，まず仮設定を行います。テーマ設定，タイトル設定の考え方を説明した後で，暫定的な目次の組み立てを解説します。

15.1.1　テーマ設定の考え方

　社会科学分野をテーマとして扱う場合には，現象から問いと仮説を立て，論証を進めていくのが一般的です。問いとは，「なぜ●●は▲▲なのか」という形式をとるものをいい，仮説は「なぜなら■■だからである」という形をとります。研究対象とする現象に対して，問いと仮説を構築するところからテーマ設定は始まります。そして，テーマを設定する際は，その対象や範囲を明確にした上で，できるだけ絞り込む必要があります。

　たとえば，「マーケティングについて」というテーマの場合，それがいつの時代のことを扱うのか，どのような製品，市場を対象としているのかなどが曖昧で十分な論証ができません。卒業論文と聞くと，大掛かりなものを書かなければと焦るあまり，ついつい大きなテーマを据えてしまいがちです。

　しかし，大きなテーマのままでは，何を論証していけばよいか見通しがまったく立たず，執筆する

ことができません。テーマの絞り込み方は，すでに3章で扱っていますので，必ず参照してください。

　また，テーマ設定の際には，研究遂行の手立てが十分に確保されているかどうかについても吟味する必要があります。たとえば，先行研究が十分に確立されていないテーマや研究に要する時間があまりに膨大になるテーマ，一定の結論を導くことが難しいテーマなどがあります。このようなテーマは卒業論文の執筆に適しません。次ページに例を示します（表15-1）。

表15-1　卒業論文のテーマには適さないテーマとその一例

(1)	未来指向の事象で，先行研究が十分になく論証が難しいテーマ	例	10年後に生き残る企業とは
(2)	対象の規模があまりに大きく研究に時間的な困難が伴うテーマ	例	カントの哲学について
(3)	一定の結論がない，もしくは導くことが困難と思われるテーマ	例	効果的なマーケティング方法

　以上を踏まえてテーマ設定を行うことになりますが，とくに学部生のように論文の執筆に慣れていない場合，テーマや論点の設定を自力で行うには限界があります。したがって，必要に応じて指導教員の指示を仰ぐべきであるといえます。また，テーマは構成を組み立てながら，あるいは執筆しながら更新されていくことも十分考えられます。

15.1.2　タイトル設定の考え方

　論文で扱うテーマが決まったら，テーマをもとに論文のタイトルを暫定的に決めておきます。タイトルは，本文で何が論じられているのか，読者が一目見てはっきりとわかるものでなければなりません。「～についての課題と展望」や「～への一考察」のようなタイトルでは，扱う題材についてはわかるものの，その題材についてどのような視点から議論したものかが不明瞭であり，タイトルには適しません。タイトルが本文を一望するものであるかに注意して設定してください。タイトルについてもテーマと同様に，執筆途中で変更が生じることがあります。なぜなら，執筆の過程で議論が深まっていくことで論点や結論が明確になれば，それにともなってタイトルもそれを反映することになるからです。

15.1.3 暫定的な目次を組み立てる

表15-2 論文のタイトルと目次例

タイトル：「税効果会計による利益調整とコーポレート・ガバナンスの関係」	
1. はじめに	5. リサーチデザイン
2. 税効果会計	5.1 分析モデル
2.1 税効果会計の概要	5.2 サンプル
2.2 税効果会計の会計処理	6. 検証結果
2.3 回収可能性と評価性引当額	6.1 裁量的評価性引当額
2.4 税効果会計による利益調整のスキーム	6.2 分析結果
3. 先行研究の整理	7. 追加分析
3.1 税効果会計による利益調整	7.1 取締役会の規模
3.1.1 税効果会計と利益調整	7.2 独立社外取締役比率
3.1.2 倒産企業における税効果会計と利益調整	7.3 指名委員会等設置会社
3.2 利益調整とコーポレート・ガバナンス	7.4 まとめ
3.2.1 委員会設置会社と利益調整	8. おわりに
3.2.2 取締役会の構造と利益調整	
4. 仮説構築	付録
4.1 取締役会の規模	A.1 分析モデル
4.2 独立社外取締役比率	A.2 サンプル
4.3 役員持株比率	A.3 分析結果
4.4 指名委員会等設置会社	引用文献

目次を定める際に，骨子として据えるべき項目を列挙しておきます。

表15-3 卒業論文の暫定的な目次を定める際の骨子

(1) 緒言（はじめに）
(2) 研究の背景／先行研究の整理
(3) 仮説の設定
(4) 本論
(5) 結言（おわりに）
(6) 参考引用文献リスト

15.2 Wordを利用したフォーマット（論文ひな型）の作成方法

　ここでは，Wordを利用した卒業論文のフォーマット作成について，操作方法を含めて解説します。一つのWordファイルで完結できるフォーマットの作成が目標です。本節で説明するフォーマットの作成手順は，図15.2 卒業論文フォーマットの作成手順の通りです。各項目の左上の数字は，対応する節の番号を表しています。なお，表紙にはページ番号を付けませんが，表紙ページをカウントする場合と，カウントしない場合があります。数字の表記は，目次ページから本文まではローマ数字で，本文以降はアラビア数字で示す方法が一般的です。

図15.2 卒業論文フォーマットの作成手順

15.2.1　表紙ページの作成

⑴　まず，Wordを起動し，新規作成からスタートします（図15.3）。

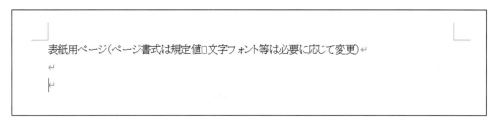

図15.3　新規空白のページ

⑵　ページ設定は規定値を用い，セクション区切りを次ページから設定します（図15.4）。

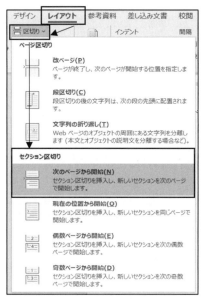

図15.4　セクション区切りの選択

⑶　表紙ページを独立させるために，セクション区切りを使用します。表紙ページはセクション１，以降はセクション２です。セクション２には，目次を作成します（図15.5）。

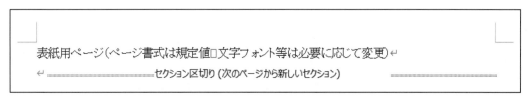

図15.5　セクション区切りが表示される画面

⑷　セクション区切りが，次ページからになっていることを確認します。セクション区切りの表示がされてない場合は，「ホーム」タブの「段落」グループにある，編集記号の表示／非表示をクリックして，編集記号が表示されるようにしておきましょう（次頁図15.6）。

編集記号の表示/非表示ボタン

図15.6　編集記号の表示ボタン

(5)　ここで，ファイルを保存してください。デスクトップなど，適当な場所にわかりやすいファイル
　　名（例えば，論文ひな型など）で保存しましょう。

15.2.2　目次ページの作成

　　目次ページは複数ページになることもありますが，今回は1ページのみ作成します。このページで
は，14章で学んだ目次作成機能を用いて，自動的に目次を作ります。今後加える本文ページには，章
見出しと節見出しを入れて複数章文のひな型を作りますので，後で，目次の自動作成も行います。
　　また，ページ番号を追加しますが，表紙にはページ番号を付加しないので，その設定も行います。

(1)　保存したファイルを開いたまま，2ページ目にカーソルを移動します。目次用ページであること
　　がわかるように適当な文字（「目次用ページ」など）を入力し，数行改段落します（図15.7）。

図15.7　目次用ページを作成する準備

(2)　セクション区切りを次ページからの設定で行います。
　　その後，図15.8のようにページ番号を付加します。
　　※　操作方法：挿入（タブ）　→　ヘッダーとフッター　→　ページ番号　→　ページの下部

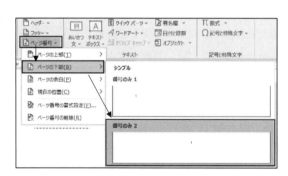

図15.8　ページ番号の作成手順

(3)　セクション2のフッター内をクリックし，カーソル（図15.9）を表示させます。

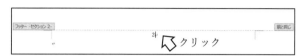

図15.9　カーソルが出現する画面

(4)　ヘッダーとフッター（タブ）のナビゲーションから，「前と同じヘッダー／フッター」をクリックし，表紙ページからの継承を外します（図15.10）。

図15.10　ヘッダー／フッターを統一させる操作

(5)　ヘッダーとフッターグループから，ページ番号の書式設定を選択し，開始番号を1に設定します（図15.11）。

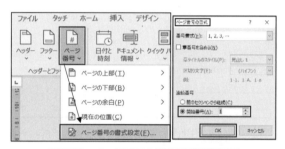

図15.11　ページ番号の設定及び削除画面

(6)　最後に，表紙ページのフッターを選択し，ヘッダーとフッターグループから，ページ番号を選択し，ページ番号の削除を行います。上書き保存も忘れずに。

15.2.3　図表目次ページの作成

図表目次ページを作成します（図15.12）。このページも，セクションで区切っておきます（次のページから）。

後で，図表目次を作成した際に，セクションが付加された場合は，不要なセクションを削除しておきましょう。セクションの削除は，改ページの削除と同様に，セクションの編集記号を削除するだけです。

図15.12　図表目次用ページを作成する準備

セクション区切りを次ページからの設定で行います（図15.13）。

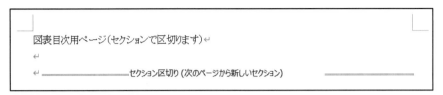

図15.13　セクション区切りを挿入する画面

15.2.4　本文ページと目次の作成

(1)　本文ページの作成

　論文本文のページを作成します。1ページ中に，章見出しを一つと節見出しを4つ入れます。とりあえず，3章分を作成します（図15.14）。各章のページは，改ページを行います。

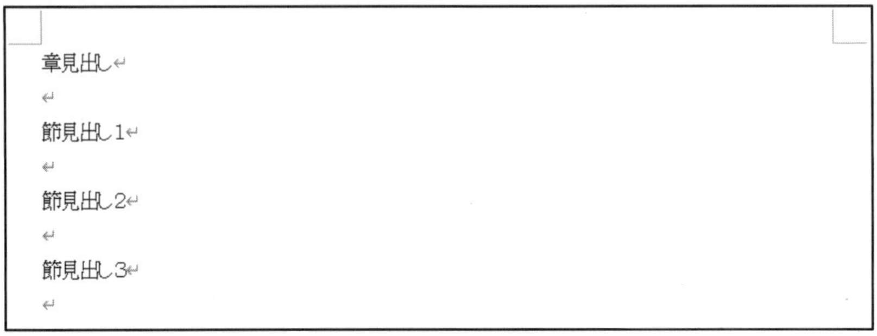

```
　章見出し↵
　↵
　節見出し1↵
　↵
　節見出し2↵
　↵
　節見出し3↵
```

図15.14　章見出しの作成

　章見出しには，見出し1のスタイルを，節見出しには，見出し2のスタイルを設定します。改ページを行い，3ページ分の本文ページを作成します（図15.15）。各ページには，章見出しと節見出しを同様に作ります。

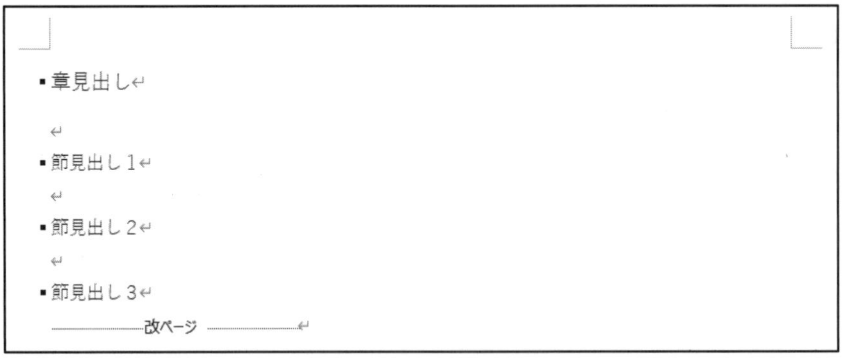

```
　▪章見出し↵
　　↵
　▪節見出し1↵
　　↵
　▪節見出し2↵
　　↵
　▪節見出し3↵
　　────改ページ────
```

図15.15　節見出しの作成

　見出しスタイルの設定が終わったら，アウトラインの設定を行います（図15.16の通り，ホーム → アウトライン）。

図15.16　アウトラインの設定画面

　全章ページで，設定が行われていることを確認してください（図15.17）。

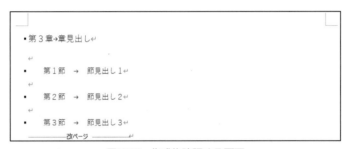

図15.17　作成後確認する画面

(2)　目次の作成

　本文ページに，見出しスタイルを設定しているので，目次を作成することができます。目次用ページに戻って，作業を行います（図15.18の左）。カーソルを移動しておきましょう。3章分の目次が出来ていることを確認しましょう（図15.18の右）。

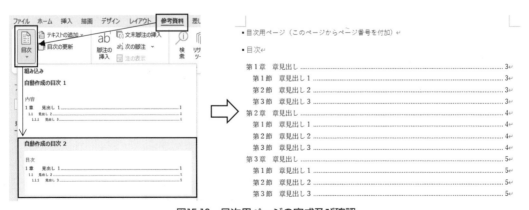

図15.18　目次用ページの完成及び確認

15.2.5　文献目録ページの作成

　最終ページに，文献目録用ページを作成します（図15.19）。資料文献の管理から，適当な文献情報を入力し，その情報をもとに目録リストを作成します。

図15.19　文献目録用ページを作成する準備

　参考資料（タブ）の引用文献と文献目録グループから，資料文献の管理を選択し，図15.20のように文献情報を入力してください。ここではChicagoスタイルを使用します。

図15.20　引用文献の情報を入力する画面

　文献目録用ページをクリックして，参考資料（タブ）の引用文献と文献目録グループから，文献目録の挿入をクリック（図15.21），リストから文献目録を選択します。

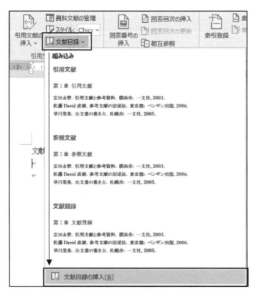

図15.21　文献の選択及び挿入

文献目録用ページ↵

↵

田中恭子.. アメリカの金融危機と社会政策：地理学的アプローチ.. 東京:. 時潮社,. 2015.↵

↵

図15.22　挿入済みの表示画面

15.3　先行研究のリサーチとレビュー

　卒業論文の執筆にあたって必ず行わなければならないのが，先行研究のリサーチとレビューです。自身が執筆しようとしているテーマについて，過去に行われてきた研究を時系列や特定の項目などに即して網羅的に調査することをリサーチといい，リサーチによって得られた先行研究を体系的に精査し，批判的検討を加えることをレビューといいます。論文を執筆するということは，これまで明らかにされてこなかった事象に対して，問いと仮説を立てて論証していくということにほかなりません。

　そのためには，先行研究が何を明らかにし，何を明らかにできていないのかを明確に示さなければなりません。その上で，自身の研究が，何を明らかにするものなのかを先行研究の延長線上に位置づけます。この一連の作業がレビューであり，レビューを適切に行うためには，最新の研究動向はもちろんのこと，これまでどのような研究がなされてきたのかについて，もれなく整理しなければなりません。

15.3.1　リサーチ

　では具体的にどのように先行研究を見つけていけばよいのでしょうか。3章および5章で扱ったように，CiNiiなどを活用し，研究テーマに直結するキーワードから図書や論文，記事などを探すのが基本です。例えば，検索する際に，出版年の新しい順に検索結果を表示すれば最新の動向が見えやすく，被引用件数の多い順に検索結果を表示すれば先行研究にたどり着きやすくなります。被引用件数が多い文献は，多くの研究が参考とするほど信用性が高いものであるか，当該分野の先駆的な研究である可能性が高いため，必ずレビューの対象にします。

　また，入手した論文の参考引用文献リストを参照するのも有効です。なぜなら，文献リストにはその論文を執筆するのに利用した文献が掲載されており，そこには先行研究の文献情報も含まれているからです。したがって，文献リストを参照すると，逆引きで先行研究を推定することができます。これを繰り返していくと，先行研究の原点が明らかになっていきます。

　ただし，先行研究のリサーチを行う際に注意すべき点もあります。第一に，信頼性を有した文献をリサーチすることです。CiNiiで検索すると膨大な数の文献がヒットしますが，それらのすべてが学術的に一定以上の水準にあるとは限りません。リサーチを行う際には，玉石混交の文献の中から，信頼性が担保された文献を得るように心がけます。具体的には，巻末に文献リストが掲載されている学術書，各分野の主要な学会や機関が発行する学会誌に掲載された論文，査読付きの論文などが挙げられます。

第二に，紙媒体の資料も必ずリサーチの対象に含めることです。最近では，オープンアクセス化が進み，機関リポジトリやJ-STAGE，DOIなどを通じて，インターネット上で論文や記事などを公開する機関が増えてきました。そのため，紙媒体の雑誌を図書館で探して閲覧・複写しなくても済むケースもあります。しかし，社会科学分野においては，依然としてデジタル化が進んでいない重要な文献も多く，オープンアクセスの文献を調べただけでは十分な先行研究のリサーチにならない点に注意が必要です。また，出版年の古い文献や学術的に重要とされる文献など，どうしても紙媒体の資料を参照せざるを得ない場合もあることから，インターネット上で得られる文献だけに頼らないよう注意してください。

第三に，資料の種類に偏りがないように注意することです。とくに，単行本（新書も含む）だけを利用するケースです。一般に，書籍の多くは執筆に時間を要することから，最新の動向が反映されにくい性質があります。したがって，単行本だけをリサーチの対象とするのには無理があり，論文が必要です。

また，テーマに関して記述した新書は，そのテーマについて広く知識を深める点においては有用ですが，それだけで先行研究をリサーチしたことにはなりません。新書に限らず，単行本を数冊程度要約しただけのものも当然，先行研究のリサーチとは呼べず，当然，卒業論文としては認められません。

加えて，テーマによっては海外の先行研究を参照しなければならないケースもあります。英語で書かれた文献は，電子ジャーナル（8章で紹介）を通じて入手することができます。

15.3.2　レビュー

先行研究を概観できるだけの文献収集ができたら，それらを体系化し，批判的検討を加えます。レビューの目的は，先行研究でわかっていることを整理し，先行研究の問題点や限界点を指摘することにあります。その上で，自身が立てた問いと仮説が，先行研究が明らかにできなかったことがらを明らかにするものであるような構図にします。文献を批判的に検討するフォーマットの一例として，上野（2018）を例にとって説明します。

表15-4　文献の批判的検討のためのフォーマット（上野，2018）

1．主題（「問い」と「仮説」） 2．研究対象 3．検証方法 4．検証の妥当性，研究上の発見・意義と効果 5．方法の問題点と限界点 6．1．～5．のほかに付記すべきコメント

出典：上野千鶴子（2018）『情報生産者になる（ちくま新書）』筑摩書房p.66により筆者一部改変。

先行研究をレビューする目的は，自身の「問い」と「仮説」の設定と論証のために，既存の研究で明らかにされていることを整理し，明らかにされていないことを正しく認識することにあります。

レビューにおいて批判的検討を加えるために，その文献の「主題」すなわち，当該研究の「問い」と「仮説」の所在を確認します。そして，その問いと仮説を検証するための研究対象と検証方法につ

いて整理します。その上で，研究対象と検証方法の選定が，主題を論証するのに適切であるか，また検証方法によって得られた結論に妥当性があるかを丁寧に分析します。結論の妥当性は，採用された検証方法とそれによって導かれた結論について，論理的な欠陥がないか，反証可能性がないか，総じて「問い」に適切に応答しているかによって判断します。

　次に，当該研究が新たに明らかにしたことと意義，効果についても整理します。この際，時系列で整理すると，それぞれの局面でどのような点が課題として認識され，どのように解明が試みられてきたかの推移が判然とします。整理した内容を踏まえて，当該研究が抱える問題点や課題点，まだ明らかにできていないことがらなどを批判的に検討します。ここで得られる問題点や限界点が，自身の卒業論文で明らかにすべきことがらの設定につながります。

15.4　執　　筆

　これまでの作業が一通り済んだら，いよいよ執筆に入ります。

15.4.1　執筆の順序

　執筆の順序として，必ずしも「はじめに」から書く必要はありません。むしろ論証する中で得られた結論を踏まえて，「はじめに」を最後に執筆する方法もあります。2,000字程度のレポートと異なり，「はじめに」から書き始めても，当初の想定とは異なる論点や結論を得ることも多く，執筆後に「はじめに」との整合性に齟齬が生じる例も少なくありません。執筆後に全体を俯瞰し，「得られた結論を導くために，論点を定めて本論文を執筆する」という形で「はじめに」を書く方が整合性をとりやすく，論理的なつながりが明瞭です。また，次項で説明するパラグラフ・ライティングが適切に行われている場合，必ずしも第1章第1節から順番に執筆していく必要はありません。

15.4.2　パラグラフ・ライティング

　論文やレポートなど，論理的に筋道立てて書く文章では，パラグラフ・ライティングを心掛けます。パラグラフとは，1つのトピックについて述べた文章のまとまりをいいます。1つのパラグラフの中で論じるトピックは1つが原則です。パラグラフ間にも論理的なつながりが必要です。いくつかのパラグラフが連なって節を構成し，節が連なったものが章となります。したがって，論理的な文章とは，論理的な一貫性をもった文章が，パラグラフを単位として，階層構造をなしていると考えることができます。

　次頁図15.23は，章，節，パラグラフの対応関係を模式的に示したものです。

　なお，章の数と章に含まれる節の数，節に含まれるパラグラフの数に上限はありませんが，全体の分量を踏まえ，特定の章，節，パラグラフだけが長大または短小にならないようにします。とくに，特定の章，節，パラグラフが長くなるような場合，複数の項目に細分化できるかどうか検証し，分割しましょう。

章	節	パラグラフ
章	節	パラグラフ
		パラグラフ
		パラグラフ
	節	パラグラフ
		パラグラフ
		パラグラフ
章	節	パラグラフ
		パラグラフ
		パラグラフ
	節	パラグラフ
		パラグラフ
		パラグラフ

図15.23　章と節，パラグラフの対応関係

また，１つのパラグラフの構造を図解すると，図15.24のようになります。

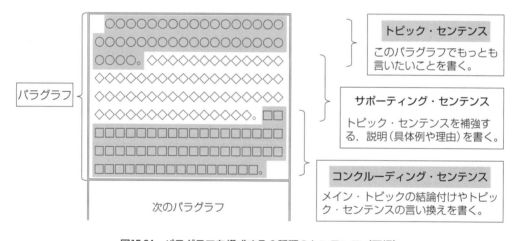

図15.24　パラグラフを構成する３種類のセンテンス（再掲）

　パラグラフの冒頭では，そのパラグラフのメイン・トピックについて端的に記述したトピック・センテンスを配置します。次いで，トピック・センテンスを補強したり，説明したりするための具体例や理由などを記述した，サポーティング・センテンスを続けます。パラグラフの末文では，メイン・トピックの結論付けやトピック・センテンスを換言します。また，次のパラグラフがある場合には，それにつながるようなセンテンスを続けることもあります。これらを，コンクルーディング・センテンスといいます。以上の３種類のセンテンスを意識して執筆することで，パラグラフごとのトピックが明確になります。パラグラフ間の論理的なつながりも鮮明にするためには，コンクルーディング・センテンスと次のパラグラフのトピック・センテンスの関係性に注目し，両者に関連性をもたせたり，適切な接続詞でつないだりします。

　なお，本書で紹介している論証型レポートの見本は，このパラグラフ・ライティングの考え方をもとに書かれています。

15.4.3　執筆中の文献・データのリサーチ

　文献のリサーチは，先行研究のリサーチとレビューの際だけではなく，論文を執筆している途中でも必要になることがほとんどです。自身の論証を補強する主張をしている文献，自身の論証の正当性を裏付けるための反証となる主張をしている文献などを効果的に援用します。リサーチの方法としては，先行研究のリサーチで利用した文献の文献リストを参照して関連する文献を探したり，新たにキーワードや時期を限定して文献を探したりすればよいでしょう。

　自身の論証を補強したり正当性を裏付けたりするために，データ（数値データ）を効果的に使うことも大切です。株価や財務諸表の諸データ，公的機関が発表している統計データなどは，効果的に用いることで論証に客観性をもたせることができます。またデータによって正しく裏付けされた論証は，そうでないものと比べ，具体性や説得性が高くなるといえます。ただし，データを扱う際には，データの出典や対象，取得方法や集計方法が明瞭で客観的なものかどうかを検証したうえで用いるよう注意します。

15.5　図表の利用と図表リストの作成

　本項では，6章（6.4）で取り上げた，図表に関する種々のルールを補足します。

15.5.1　図表利用の原則

　論文では，内容の客観性を明示し，読者の理解を助けるために，情報を表や図の形で整理することがあります。表や図は，複数のデータを整理することができ，視認性の点で一定の利点があります。

　ただし，表や図はあくまで本文の理解を促すための補助的なツールであり，まずは表や図に頼らずに本文で要旨を記述するべきです。その上で，目的に適う場合にのみ，表や図を作成して挿入します。

　表や図を挿入する際には，原典となる情報（文献や種々の数値データなど）を参照し，筆者自身で表や図を作成するのが原則です。他の文献からコピー・アンド・ペースト（スクリーンショットを含む）することは盗用・剽窃となります。同時に，出典を明記する必要があります。出版や公表する場合には，著作権者の許諾が必要です。

15.5.2　図表のルール

　まず，表15-5の表と図の定義を参照し，両者の相違を確認しましょう。

　表と図には明確な区別があるため，両者を別個のものとして取り扱います。

　具体的には，それぞれについて「表1.1，表1.2…」，「図3.1，図3.2…」のように番号を割り当てます。

表15-5　表と図の定義（再掲）

表（Table）の定義 　行と列による格子状であり，カテゴリーによって体系化された数または言葉でデータを示したもの 図（Figure）の定義 　表以外のすべての図表の種類で，チャート，グラフ，地図，写真，図面および図式を含むもの

出所：トゥラビアン，ケイト L.；沼口隆，沼口好雄訳（2012）『シカゴ・スタイル　研究執筆論文マニュアル』慶應義塾大学出版会，pp.497-498により一部筆者改変。

表と図では，キャプション（タイトル／見出し）の位置に相違があります。表15-6を参照してください。

表15-6　表と図におけるキャプションの位置の相違（再掲）

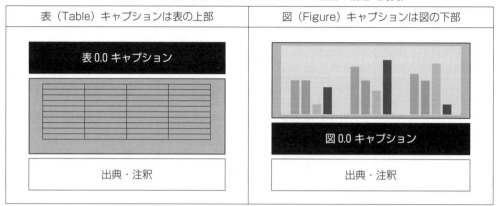

表（Table）キャプションは表の上部	図（Figure）キャプションは図の下部
表0.0 キャプション	図0.0 キャプション
出典・注釈	出典・注釈

15.5.3　図表番号の挿入方法

論文の冒頭に，表と図それぞれのリストを作成して挿入します。本書でも，冒頭の目次に続けて「表リスト」および「図リスト」を掲載しています。

ここで，Wordを利用した，図表番号の挿入方法を確認しておきます。詳細は，14.7図表と図表番号，図表目次の作成を参照してください。

まず，本文中に図や表を挿入します。必要な図や表は，あらかじめWordの図形描画やExcelの表，グラフなどで作成をしておきましょう（図形描画の方法は，14.5オブジェクトの概念(1)を参照）。本文中にそれらを挿入する場合は，準備した図や表をコピーして，本文の挿入箇所に「形式を選択して貼り付け」ます（オブジェクトは，14.5オブジェクトの概念(5)オブジェクトを扱う，を参照）。図表番号は，貼り付けられた図表を選択（クリック）して設定します。

図表選択後に，図15.25のように，参考資料（タブ）中の図表グループにある「図表番号の挿入」を選択しましょう。

図15.25　参考資料タブ（Word）

図15.26のダイアログボックスで，オプションにあるラベルから，図あるいは表を選択します。

図表番号は，章見出しや節見出しに設定しているスタイルと連携しています。すでに15.2で見出しスタイルとアウトラインの設定は行っていますので，各章番号と同一章での連番が自動的に割り当てられるはずです。ラベル（キャプション）の位置は，表15-6にあるようなルールで設定しましょう。

図15.26　「図表番号」ダイアログボックス

注意

・　原則，図と表は別物であり，リスト（目次）も別に作成する

・　番号付けの設定をする（見出しのスタイルとアウトラインの設定に対応している）

・　目次の後で各リストを表記する（ページ番号はローマ数字などを用い，本体とは別にする）

15.5.4　図表リスト（目次）の作成方法

15.2.3で作成した図表目次ページに，図表リスト（目次）を作成します。通常，図のリストを前半に，表リストを後半に配置します。

まず，図リストを作成します（表リストも作成方法は同一）。

リストを作成する位置にカーソルを移動し，参考資料（タブ）の図表グループから「図表目次の挿入」をクリックします（図15.27）。

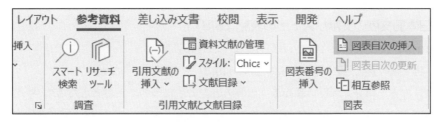

図15.27　図リストの作成

図リストのみの作成なので，図15.28のように「図表番号のラベル」は「図」を選択します（表の場合は「表」を選択）。OKボタンクリックで，リストが挿入されます。

表リストも，図リストと同じように作成します。

図15.28　図表目次ダイアログボックス

　図表リストは，図表番号を作成するとその情報がリスト情報に反映されます。ファイルを開く場合に更新されますが，文書作成中に更新したい場合は，図表リスト部分を右クリックし，「フィールド更新」をクリックすることで可能です。その他の方法も，「14.7(3)図表番号と図形目次の更新」に説明してありますので，参考にしてください。

15.6　文献表記のルールと文献リストの作成（外国文献を含む）

　本節では，10章で取り上げていないもので，主に，論文執筆における文献表記のルール（外国文献を含む），脚注と後注に関するルールを説明します。その後で，Wordを利用した文献リストの作成方法を解説します。

15.6.1　日本語文献の文献リストへの表記（SIST）

　URL：https://jipsti.jst.go.jp/sist/（参照日2022年11月23日）

　主な日本語文献の表記方法については，10章（10.3）を参照してください。

　ここでは，本書で紹介できない種類の文献等の表記方法について，参考となるのが，SIST（シスト：Standards for Information of Science and Technology；科学技術情報流通技術基準）です。SISTの用途は，レポートや論文の執筆以外にも多岐に渡りますが，こと論文の執筆に関しては，参照した文献の引用方法や，出典の表記方法に関する基準が示されており，執筆時の参考になります。なお，SISTの更新事業は終了していますが，公開されているSISTは引き続き利用することができます。

図15.29　SISTホームページ

　ただし，本書で紹介している文献の表記方法，ならびにSISTが定めた表記基準は，いずれも表記の一例にすぎません。指導教員や学問分野，学会，投稿先などによって表記基準が変わることがあります。このことを念頭に置き，求められた様式に則り，過不足なく正確に文献情報を記載することを心掛けてください。

15.6.2　外国語文献の文献リストへの表記方法（シカゴ・スタイル）

　本項では，外国語文献の文献リストへの表記方法を説明します。

⑴　初出の図書では，著者名（名）のイニシャル（フルで表記してもよい），著者名（姓），書名（*イタリック体*），版数（初版は省略），出版地：出版社名，刊行年，引用ページの順に記す。

> 例　S. Pollard, *The Development of the British Economy*, 2nd ed., London：Arnold, 1969, ix, 518p.

引用ページが複数にわたるときは，pp.51‐54のように表記する。

⑵　初出の論文では，著者名（名）のイニシャル，著者名（姓），"論文名"，雑誌名（*イタリック体*），巻号，刊行年，引用ページの順に記す。論文名を ""（ダブルクォーテーション）で括る。

> 例　N. Kaldor and J. Mirrlees, "A New Model of Economic Growth", *Review of Economic Studies*, Vol. 29, No. 3, 1962, pp.174‐192.

(3) 複数の著者の場合，初出文献については，全員の著者名を記す。

> 例　N. Robertson and J. L. Thomas, *Trade Unions and Industrial Relations*, London : Business Books, 1968, viii, 214p.

(4) 再出の場合は，以下の表記①・②のいずれかを使う。

(a) すぐ前の注の図書・論文を引用するとき。日本語文献の「同書／同論文)」に相当する。

① イタリック体 *Ibid.* を用いて，表記する	例　*Ibid.*, p. 100.
② イタリック体にしない Ibid. を用いて，そのまま表記する	例　Ibid., p. 100.

注意　Ibid.をイタリック体で表記するのが標準。最近はイタリック体にしない表記が次第に増加。
参考　Ibid., とは，Ibidem（同書，同論文）の省略形。

(b) 離れている注の図書・論文を引用するとき。日本語文献の「前掲書／前掲論文)」に相当する。

① *op. cit.*（イタリック体）を使う	例　Pollard, *op. cit.*, p. 100.
② タイトル（イタリック体）を表記する	例　Pollard, *The Development of the British Economy*, p. 65.

注意　op. cit.を使うのが標準。タイトルを表記する②のほうが，どの文献を引用しているのか明瞭であるため，普及しつつある。
参考　op. cit., とは，opere citato（前掲書，前掲論文）の省略形。
出典：埼玉大学経済学部編（2019）「卒業論文執筆編」『経済学部学習の手引き』p. 29

15.6.3　長大な直接引用の表記方法（インデント挿入）

　10章においてすでに解説しているように，引用には，直接引用と間接引用の2種類があります。基本的な引用の表記方法については，10章（10.2）を参照してください。

　ここで補足して扱うのは，直接引用のうち，複数行にわたる長大な引用を行う場合です。引用箇所が明瞭になるように，改行と左右インデントの挿入を行います。以下に例を示します。

例　左右に3文字のインデントを挿入した場合

佐口（2018）は次のように述べている。

（改行）

　　年功賃金制度を享受できる者とできない者の分断という脆弱性については，年功賃金制度が一定程度の広がりをもって安定的に機能することでその顕在化が抑制されてきた。だが，1990年代後半から対象領域の縮小という形でこの機能が揺らぎ始めることによって正規雇用への展望のない非正規雇用労働者の生活問題として現れた。年功賃金制度のこの面での脆弱性は一挙に顕在化したのである。

インデント　　　　インデント

（改行）

これに対して・・・。

図15.30　複数行にわたる長大な直接引用を行う際の表記例

　インデントの挿入をWordで行う場合，「ホーム」タブ中央にある「段落」グループ右下の⬐ をクリックすると，ダイアログボックスが開きます（図15.31）。ボックスの「インデントと行間隔」内に

ある「インデント」で，任意の左右インデントを設定します（2～3文字程度が標準です）。

図15.31　インデントの挿入画面とダイアログボックス（Word）

15.6.4　脚注と後注の挿入

　6章（6.3）でも取り上げたように，本文の内容を補うために，脚注や後注を挿入することがあります。

　既出の事項ですが，「脚注」の使い方の原則を示しておきます。文献情報を記載するのではなく，本文に入れるには冗長で，付記することで読者の理解を助ける補足事項や参考情報などを入れるようにしましょう。後注については，法学などでは，注文献方式をとる場合もあります。

　脚注は特定文字列に対して付与しますから，まず，脚注を付す文字列を範囲指定します。その後，図15.32　脚注の挿入のように参考資料（タブ）から脚注グループの「脚注の挿入」をクリックします。

図15.32　脚注の挿入

　文字列を選択したページ下部に，脚注番号と脚注を挿入するエリアが表示されますので，必要な情報を入力してください。なお，脚注番号は連番が挿入されます。脚注を付与した文字列には，マウスでポイントすると脚注内容が表示される機能もあります。また，脚注番号をダブルクリックすることで，本文の当該部分や，脚注部分にジャンプすることも可能です。

後注は，文末に注を集中させる方法です。Wordの場合は，「文末脚注の挿入」に当たります。先の，脚注の挿入と同じ手法で作成が可能です。

15.6.5　Wordを利用した参考引用文献リストの作成方法
参考引用文献リストは，以下の手順で作成します。詳細は，14章14.9文献リスト（参考引用等）の作成と，引用文献情報の挿入を参照してください。

⑴　スタイル設定
図15.33のようにリストのスタイルを設定します（今回はChicagoスタイルを設定）。

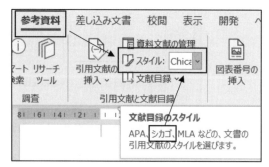

図15.33　参考資料のスタイル設定

⑵　リスト化する全資料（書籍や雑誌論文など）のデータを入力し文献リストを作成（参考資料（タブ）　→　引用文献と文献目録グループから，「資料文献の管理」をクリック）
文献リストには，「マスターリスト」と「現在のリスト」があります。マスターリストは，現在使用しているPCで管理されているすべての文献リストです。現在のリストは，当該文書のみに適用されるリストで，作成中の論文に挿入されるリスト情報です。論文のリストに必要な情報は，現在のリストにコピーしておきます（図15.34）。

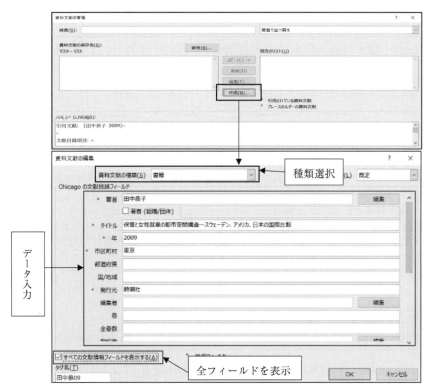

図15.34　参考資料文献の管理及びリストの作成

(3)　文献目録の挿入（作成）

　文献目録ページにカーソルを移動し，「現在のリスト」にある情報をまとめてリスト化します。（参考資料（タブ）　→　引用文献と文献目録グループから，文献目録　→　文献目録の挿入）

　文献目録の挿入には，組み込み（用意されたスタイル）もありますが，必要なデータのみをリスト化する場合は，組み込み下の「文献目録の挿入」を選択するのが良いでしょう。

　また，10章で紹介した参考引用文献リストの表記方法は一例にすぎません。執筆する分野によって書式が変わることがあります。指導教員の指示にしたがうとともに，投稿規定や提出様式がある場合には必ずそれを遵守します。

15.6.6　校正と完成・提出

　11章「点検と校正，相互チェック（担当：渡辺）」の項を参照してください。

　とくに，卒業論文の場合，締切直前まで執筆や体裁の確認に追われることが多く，その際に思わぬトラブルに見舞われることも少なくありません。執筆中のファイルは逐次保存することを心掛けるとともに，コンピュータ本体やUSBメモリだけに保存するのは絶対に避けるべきです。繰り返しますが，USBメモリは物理的な要因によって容易にデータが消失します。したがって，ファイルは複数箇所に保存することで破損や消失のリスクを分散させます。また，クラウドへの保存や自動保存機能を活用し，データの消失がないように十分留意しましょう。

参考引用文献リスト

本書の作成にあたって，参考，参照，引用した文献を以下に示す。複数の章で利用した文献は，初出の章にのみ記載した。

参考引用文献リストの表記は本書での解説に準拠し，各章につき50音順に記載した。

※　劉担当
【1章】
小林恭平，坂本陽（2017）『イラスト図解式　この一冊で全部わかるWeb技術の基本―実務に生かせる知識が，確実に身につく。』SBクリエイティブ，191p

全日本情報学習振興協会（2010）『パソコン技能検定ビジネス実務試験公式テキスト』日本能率協会マネジメントセンター，181p

富士通エフ・オー・エム株式会社（2013）『情報リテラシー―情報モラル＆情報セキュリティ』富士通エフ・オー・エム，1冊

富士通エフ・オー・エム株式会社（2018）『ITパスポート試験対策テキスト＆過去問題集　〈平成30-31年度版〉』富士通エフ・オー・エム，401p

劉博（2020）『ビジネス情報処理―Windows & MacOS対応』泉文堂，95p

矢野　文彦（2017）『情報リテラシー教科書―Windows 10／Office 2016対応版』オーム社，256p

【4章】
全日本情報学習振興協会（2010）『パソコン技能検定ビジネス実務試験公式テキスト』日本能率協会マネジメントセンター，181p

日本商工会議所（2015）『日商PC検定試験文書作成2級公式テキスト＆問題集』富士通エフ・オー・エム，267p

日本商工会議所（2015）『日商PC検定試験文書作成3級公式テキスト＆問題集』富士通エフ・オー・エム，239p

劉博（2020）『ビジネス情報処理―Windows & MacOS対応』泉文堂，95p

矢野文彦（2017）『情報リテラシー教科書―Windows 10／Office 2016対応版』オーム社，256p

【7章】
全日本情報学習振興協会（2010）『パソコン技能検定ビジネス実務試験公式テキスト』日本能率協会マネジメントセンター，181p

日本商工会議所（2015）『日商PC検定試験データ活用2級公式テキスト＆問題集』富士通エフ・オー・エム，243p

日本商工会議所（2015）『日商PC検定試験データ活用3級公式テキスト＆問題集』富士通エフ・オー・エム，207p

劉博（2020）『ビジネス情報処理―Windows & MacOS対応』泉文堂，95p

矢野文彦（2017）『情報リテラシー教科書―Windows 10／Office 2016対応版』オーム社，256p

【9章】
全日本情報学習振興協会（2010）『パソコン技能検定ビジネス実務試験公式テキスト』日本能率協会マネジメントセンター，181p

日本商工会議所（2015）『日商PC検定試験データ活用2級公式テキスト＆問題集』富士通エフ・オー・エム，243p

日本商工会議所（2015）『日商PC検定試験データ活用3級公式テキスト＆問題集』富士通エフ・オー・エム，207p

劉博（2020）『ビジネス情報処理―Windows & MacOS対応』泉文堂，95p

矢野文彦（2017）『情報リテラシー教科書―Windows 10／Office 2016対応版』オーム社，256p

【12章】
全日本情報学習振興協会（2010）『パソコン技能検定ビジネス実務試験公式テキスト』日本能率協会マネジメントセンター，181p

日本商工会議所（2015）『日商PC検定試験プレゼン資料作成2級公式テキスト＆問題集』富士通エフ・オー・エム，203p

日本商工会議所（2015）『日商PC検定試験プレゼン資料作成3級公式テキスト＆問題集』富士通エフ・オー・エム，231p

劉博（2020）『ビジネス情報処理―Windows ＆ MacOS対応』泉文堂，95p

矢野文彦（2017）『情報リテラシー教科書―Windows 10／Office 2016対応版』オーム社，256p

※　渡辺担当
【2章】

埼玉大学編「国立大学法人埼玉大学経済学部規程」『埼玉大学』〈http://www.saitama-u.ac.jp/houki/houki-n/reg-n/3-1-02.pdf〉（参照日2022年11月21日）

埼玉大学教養学部編『教養学部資料センター』〈http://arts.kyy.saitama-u.ac.jp/outline/tebiki.html〉（参照日2022年11月21日）

埼玉大学経済学部研究資料室編『埼玉大学経済学部研究資料室』〈http://www.eco.saitama-u.ac.jp/archives/index〉（参照日2022年12月19日）

埼玉大学図書館編『埼玉大学図書館』〈http://www.lib.saitama-u.ac.jp/〉（参照日2022年12月19日）

埼玉大学図書館編「埼玉大学図書館OPAC」『埼玉大学図書館』〈https://opac.lib.saitama-u.ac.jp/Main/Search〉（参照日2022年12月20日）

新村出編（2018）『広辞苑第七版　付録』岩波書店，p.84

田中恭子（2017）『グローバリゼーションの地理学』時潮社，225p

トゥラビアン，ケイト L.；沼口隆，沼口好雄訳（2012）『シカゴ・スタイル　研究執筆論文マニュアル』慶應義塾大学出版会，588p

【3章】

朝日新聞（2016）「アンメルツ，米進出へ　発売50年」9月10日付朝刊，経済2面，p.9

朝日新聞（2017）「（聞きたい）訪日外国人になぜ売れる？　小林製薬社長・小林章浩氏」11月8日付朝刊，金融経済面，p.12

有賀馨〔談〕，照屋憲一〔聞き手〕（2000）「良品計画社長　有賀馨さん（編集社長インタビュー）」『朝日新聞クロスサーチ』5月27日付夕刊，夕刊経済特集3面，p.7

薄井和夫，ドーソン，ジョン（2012-11）「ヨーロッパ家電小売業の競争構造：ユーロニクス，ディクソンズ，メディア＝ザトゥーンの国際化戦略」『社会科学論集』埼玉大学経済学会，137号，p.15，p.34

金井政明，高橋由香理（2018.5）「コンセプトの実現を第一とする事業戦略　無印良品（MUJI）：グローバル展開の軌跡」『Harvard business review ＝ Diamondハーバード・ビジネス・レビュー　』ダイヤモンド社，43(5)，pp.110-117

クリステンセン，クレイトン M［ほか］；依田光江訳（2017）『ジョブ理論　イノベーションを予測可能にする消費のメカニズム』ハーパーコリンズ・ジャパン，390p

小池一子〔談〕，藤生京子〔聞き手〕（2020）「（語る　人生の贈りもの）小池一子：8　「無印」で体制に抵抗，大まじめ」『朝日新聞クロスサーチ』10月30日付朝刊，文化文芸面，p.31

小林製薬（1990-2017）『有価証券報告書』各年版

小林製薬〔2019〕「小林製薬の戦略」『小林製薬ホームページ』〈https://www.kobayashi.co.jp/ir/strategy/index.html〉（参照日2019年3月9日）

斎藤勉（2004）「無印良品（キミの名は）」『朝日新聞クロスサーチ』8月21日付朝刊，be週末b5，p.55

佐藤正弘（2016-03）「ICT時代のマーケティング・コミュニケーション：2つのVoice」『西南学院大学商学論集』62（3・4），pp.335-351

小学館（2022-06a）「オイル-ショック」『デジタル大辞泉』ジャパンナレッジLib〈https://japanknowledge.com/lib/display/?lid=2001002077700〉（参照日2022年10月4日）

小学館（2022-06b）「バブル経済」『デジタル大辞泉』ジャパンナレッジLib〈https://japanknowledge.com/lib/display/?lid=2001015030500〉（参照日2022年10月4日）

西川英彦（2015）「無印良品の経営学：無印良品の再生」『一橋ビジネスレビュー』一橋大学イノベーション研究センター，63巻3号，pp.104-118

西川英彦（2016a）「無印良品の経営学：無印良品の再考」『一橋ビジネスレビュー』一橋大学イノベーション研究
　　センター，63巻4号，pp.110-122

西川英彦（2016b）「無印良品の経営学：世界の無印良品」『一橋ビジネスレビュー』一橋大学イノベーション研
　　究センター，64巻2号，pp.108-123

深澤徳（2011）『思想としての「無印良品」：時代と消費と日本と』千倉書房，234p

米山茂美（2002）「ビジネス・ケース　小林製薬：イノベーションを生み出す組織と戦略」『一橋ビジネスレ
　　ビュー』東洋経済新報社，49(4)，pp.144-169

読売新聞（2018）「［平成MONO図鑑］冷却シート『熱さまシート』刺し身コンニャクがヒント」7月8日付朝刊，
　　p.3

良品計画（2021）『有価証券報告書（2021年8月31日決算日）』135p

良品計画（2022）「無印良品が目指すもの―無印良品のサステナビリティ」『良品計画ホームページ』〈https://
　　ryohin-keikaku.jp/sustainability/muji-sustainability/goals/〉（参照日2022年6月25日）

良品計画（2022.9.15）「『無印良品　板橋南町22』オープンのお知らせ」『良品計画ホームページ』〈https://
　　ryohin-keikaku.jp/news/2022_0915_02.html〉（参照日2022年9月27日）

【5章】

石川大我（2018-10）「自治体におけるLGBT施策の今とこれから」『地方自治職員研修』公職研，51(10)，pp.47-49

井原基（2022-03）「アジア新興諸国におけるビジネスと社会発展」『社会科学論集』埼玉大学経済学会，（165・
　　166），pp.17-29

今泉飛鳥（2008）「産業集積の肯定的効果と集積内工場の特徴：明治後期の東京府における機械関連工業を対象
　　に」『歴史と経済』政治経済学・経営史学会，51巻1号，pp.19-33

今泉飛鳥（2014）「戦前期東京の機械工業集積に見る産業集積の歴史性：活発な創業に着目して」『企業家研究』
　　企業家研究フォーラム，11号，pp.26-46

大野晋，浜西正人（1981）「玩具」『角川類語新辞典』角川書店，p.772

学研出版「ことば選び実用辞典」『学研出版サイト』〈https://hon.gakken.jp/book/1230167600〉（参照日2022年
　　12月19日）

角川書店「角川類語新辞典」『角川書店ホームページ』〈https://www.kadokawa.co.jp/product/199999011700/〉
　　（参照日2022年12月19日）

金井郁「看護師の賃金と労働組合の取組み」『Int'lecowk：国際経済労働研究』国際経済労働研究所，77(9)，pp.4-
　　11

グエン　ティ，ヴィン・トゥ（2017-02-15）「日系コンビニエンスストアの国際フランチャイズ展開に関する研
　　究：アセアン（タイ及びインドネシア）におけるセブンイレブンの展開を中心に」『研究年報社会科学研究』
　　山梨学院大学大学院社会科学研究科，37号，pp.145-235

埼玉大学「埼玉大学研究者総覧」『埼玉大学ホームページ』〈http://s-read.saitama-u.ac.jp/researchers/〉（参照日
　　2022年12月20日）

埼玉大学「Webシラバス」『埼玉大学ホームページ』〈http://syllabus.saitama-u.ac.jp/portal/public/syllabus/〉
　　（参照日2022年12月20日）

埼玉大学「Web学生システム」『埼玉大学ホームページ』〈https://risyu.saitama-u.ac.jp/portal/〉（参照日2022年
　　12月20日）

埼玉大学経済学部研究資料室編『埼玉大学経済学部研究資料室』〈http://www.eco.saitama-u.ac.jp/archives/
　　index〉（参照日2022年12月19日）

埼玉大学経済学部渡辺研究室編『埼玉大学経済学部渡辺研究室ホームページ』〈https://park.saitama-u.ac.
　　jp/~watanabe/〉（参照日2022年12月5日）

埼玉大学図書館編『埼玉大学図書館』〈http://www.lib.saitama-u.ac.jp/〉（参照日2022年12月19日）

埼玉大学図書館編「埼玉大学図書館OPAC」『埼玉大学図書館』〈https://opac.lib.saitama-u.ac.jp/Main/Search〉
　　（参照日2022年12月20日）

ジャパンナレッジLib編『ジャパンナレッジLib』〈http://japanknowledge.com/library/〉（参照日2022年12月19日）

CiNii Research編『CiNii Research』国立情報学研究所〈https://cir.nii.ac.jp/〉（参照日2022年12月19日）

NDL ONLINE編『国立国会図書館オンライン』〈https://ndlonline.ndl.go.jp/#!/〉（参照日2022年12月19日）

Weblio類語辞典編『Weblio類語辞典』〈https://thesaurus.weblio.jp/〉（参照日2022年12月19日）

【6章】

有賀馨〔談〕，照屋憲一〔聞き手〕（2000）「良品計画社長　有賀馨さん（編集社長インタビュー）」『朝日新聞クロスサーチ』5月27日付夕刊，夕刊経済特集3面，p.7

薄井和夫，ドーソン，ジョン（2012-11）「ヨーロッパ家電小売業の競争構造：ユーロニクス，ディクソンズ，メディア＝ザトゥーンの国際化戦略」『社会科学論集』埼玉大学経済学会，137号，pp.15-43

斎藤勉（2004）「無印良品（キミの名は）」『朝日新聞クロスサーチ』8月21日付朝刊，be週末b5，p.55

トゥラビアン，ケイト L.；沼口隆，沼口好雄訳（2012）『シカゴ・スタイル　研究執筆論文マニュアル』慶應義塾大学出版会，588p

西川英彦（2015）「無印良品の経営学：無印良品の再生」『一橋ビジネスレビュー』一橋大学イノベーション研究センター，63巻3号，pp.104-118

パナソニック株式会社『有価証券報告書』（第111期）159p

平本厚（2008）「戦前戦時期松下の分社経営」『経営史学』第42巻第4号，pp.3-32

深澤徳（2011）『思想としての「無印良品」：時代と消費と日本と』千倉書房，234p

松下電器産業株式会社創業五十周年記念行事準備委員会編（1968）『松下電器五十年の略史』13，358，15，47p，図版［22］枚

良品計画（2021）『有価証券報告書（2021年8月31日決算日）』135p

【8章】

『朝日新聞クロスサーチ』〈https://xsearch.asahi.com〉（参照日2022年11月21日）

アメリカ経済学会「EconLit」『EBSCOhost』〈http://search.ebscohost.com/login.aspx?authtype=uid〉（参照日2022年12月22日）

『企業史料統合データベース』〈https://j-dac.jp/infolib/meta_pub/G0000004kigyo〉（参照日2022年12月20日）

埼玉大学図書館編『埼玉大学図書館』〈http://www.lib.saitama-u.ac.jp/〉（参照日2022年12月19日）

ジャパンナレッジLib編『ジャパンナレッジLib』〈http://japanknowledge.com/library/〉（参照日2022年12月19日）

須田木綿子〔2009〕※「社会学系学問の国際化：海外学術誌への投稿体験から」『社会学系コンソーシアム・シンポジウム「日本の社会福祉学・社会学の国際化に向けて」』社会学系コンソーシアム，pp.1-4〈http://www.socconso.com/symposium/Sympo2009_Suda.pdf〉（参照日2019年9月27日）

『日経テレコン21』〈http://t21.nikkei.co.jp/g3/CMN0F11.do〉（参照日2022年12月20日）

『ヨミダス歴史館』〈https://database.yomiuri.co.jp/rekishikan/〉（参照日2022年11月21日）

『EBSCO』〈http://search.ebscohost.com/〉（参照日2022年11月24日）

『EDINET』〈http://disclosure.edinet-fsa.go.jp/〉（参照日2022年11月24日）

『eol』〈http://eoldb.jp/EolDb/〉（参照日2022年11月24日）

『eol Asia one』〈https://asiaone.eoldb.com/login.php〉（参照日2022年11月24日）

『Financial QUEST』〈http://finquest.nikkeidb.or.jp/ver2/online/〉（参照日2022年11月24日）

『Googleアラート』〈https://www.google.co.jp/alerts〉（参照日2022年11月24日）

『Web of Science』〈https://www.webofscience.com/wos/woscc/basic-search〉（参照日2022年12月16日）

『Westlaw Japan』〈https://go.westlawjapan.com/wljp/app/welcome?notifyAtSignOn=true〉（参照日2022年12月16日）

　※〔　　〕は推定を表す。

【10章】

朝日新聞（1989）「松下幸之助氏死去『経営の神様』94歳，広い社会活動」4月27日付朝刊，総合1面，p.1

朝日新聞（2001a）「インドネシアが味の素に回収を命令　イスラム禁忌の豚使用」1月5日付朝刊，社会2面，p.34

朝日新聞（2001b）「『住民の動揺を回避』『味の素』社員逮捕でインドネシア警察」1月7日付朝刊，社会1面，p.31

翁邦雄（2015）『経済の大転換と日本銀行』（シリーズ現代経済の展望）岩波書店，204p

川端庸子（2018-06）「インドネシア市場におけるセブン-イレブンの撤退行動に関する考察」『社会科学論集』埼玉大学経済学会，154号，pp.61-76

小林製薬「企業情報　企業理念」『小林製薬ホームページ』〈https://www.kobayashi.co.jp/corporate/philosophy/〉

（参照日2022年2月7日）

小林製薬（2016-2021）『有価証券報告書』（第99-104期　平成28年12月31日-令和3年12月31日）

小林製薬（1994-2021）『有価証券報告書』各年版

佐口和郎（2018）『雇用システム論』有斐閣，249p

佐藤郁哉，山田真茂留（2004）『制度と文化　組織を動かす見えない力』日本経済新聞出版社，334p

清水義次〔ほか〕（2019）『民間主導・行政支援の公民連携の教科書』日経BP社，239p

田中恭子（2017）『グローバリゼーションの地理学』時潮社

トゥラビアン，ケイト L.；沼口隆，沼口好雄訳（2012）『シカゴ・スタイル　研究執筆論文マニュアル』慶應義塾大学出版会，588p

パナソニック株式会社（2021）『有価証券報告書』（第115期　令和3年4月1日-同4年3月31日），187p

松村明（2006）「異文化」『大辞林』第三版，三省堂

間宮陽介〔ほか〕編（2014）『日本経済：社会的共通資本と持続的発展』東京大学出版会，457p

間宮陽介（2014）「第5章　漁場の共同利用と自治的管理」『日本経済：社会的共通資本と持続的発展』東京大学出版会，pp.177-201

山田真一（2008）『アーツ・マーケティング入門—芸術市場に戦略をデザインする』（文化とまちづくり叢書）水曜社，285p

李潔（2019-03）「価格変化がシングルデフレーション・バイアスに与える影響の分析：産業間及び国産品と輸入品間の相対価格変化を対象に」『社会科学論集』埼玉大学経済学会，157号，pp.31-42

良品計画（2022.9.15）「『無印良品　板橋南町22』オープンのお知らせ」『良品計画ホームページ』〈https://ryohin-keikaku.jp/news/2022_0915_02.html〉（参照日2022年9月27日）

NHK（2022年12月22日8時53分）「米ウクライナ首脳会談　バイデン大統領　軍事支援の継続強調」『NHKニュース速報』〈https://www3.nhk.or.jp/news/html/20221222/k10013930701000.html〉

【11章】

有賀馨〔談〕，照屋憲一〔聞き手〕（2000）「良品計画社長　有賀馨さん（編集社長インタビュー）」『朝日新聞クロスサーチ』5月27日付夕刊，夕刊経済特集3面，p.7

金井政明，高橋由香理（2018.5）「コンセプトの実現を第一とする事業戦略　無印良品（MUJI）：グローバル展開の軌跡」『Harvard business review = Diamondハーバード・ビジネス・レビュー』ダイヤモンド社，43(5)，pp.110-117

杏林舎「校正記号表」『株式会社杏林舎ホームページ』〈http://www.kyorin.co.jp/uploads/kouseikigo.pdf〉（参照日2022年12月20日）

小池一子〔談〕，藤生京子〔聞き手〕（2020）「（語る　人生の贈りもの）小池一子：8「無印」で体制に抵抗，大まじめ」『朝日新聞クロスサーチ』10月30日付朝刊，文化文芸面，p.31

斎藤勉（2004）「無印良品（キミの名は）」『朝日新聞クロスサーチ』8月21日付朝刊，be週末b5，p.55

小学館（2022-06a）「オイル-ショック」『デジタル大辞泉』ジャパンナレッジLib〈https://japanknowledge.com/lib/display/?lid=2001002077700〉（参照日2022年10月4日）

小学館（2022-06b）「バブル経済」『デジタル大辞泉』ジャパンナレッジLib〈https://japanknowledge.com/lib/display/?lid=2001015030500〉（参照日2022年10月4日）

西川英彦（2015）「無印良品の経営学：無印良品の再生」『一橋ビジネスレビュー』一橋大学イノベーション研究センター，63巻3号，pp.104-118

西川英彦（2016a）「無印良品の経営学：無印良品の再考」『一橋ビジネスレビュー』一橋大学イノベーション研究センター，63巻4号，pp.110-122

西川英彦（2016b）「無印良品の経営学：世界の無印良品」『一橋ビジネスレビュー』一橋大学イノベーション研究センター，64巻2号，pp.108-123

深澤徳（2011）『思想としての「無印良品」：時代と消費と日本と』千倉書房，234p

良品計画（2021）『有価証券報告書（2021年8月31日決算日）』135p

良品計画〔2022〕「無印良品が目指すもの—無印良品のサステナビリティ」『良品計画ホームページ』〈https://ryohin-keikaku.jp/sustainability/muji-sustainability/goals/〉（参照日2022年6月25日）

良品計画（2022.9.15）「『無印良品　板橋南町22』オープンのお知らせ」『良品計画ホームページ』〈https://ryohin-keikaku.jp/news/2022_0915_02.html〉（参照日2022年9月27日）

【13章】
なし

※　深水，渡辺担当
【14章】
田中恭子（2009）『保育と女性就業の都市空間構造―スウェーデン，アメリカ，日本の国際比較』時潮社，254p

【15章】
上野千鶴子（2018）『情報生産者になる』（ちくま新書）筑摩書房，381p
科学技術振興機構（2012）『SIST　科学技術情報流通技術基準』科学技術振興機構　〈https://jipsti.jst.go.jp/sist/〉
　　　（参照日2022年11月23日）
埼玉大学経済学部編（2019）「卒業論文執筆編」『経済学部学習の手引き』p.29
トゥラビアン，ケイト L.；沼口隆，沼口好雄訳（2012）『シカゴ・スタイル　研究執筆論文マニュアル』慶應義
　　　塾大学出版会，588p
N. Kaldor and J. Mirrlees, "A New Model of Economic Growth", Review of Economic Studies, Vol. 29, No. 3, 1962,
　　　pp. 174-192.
N. Robertson and J. L. Thomas, Trade Unions and Industrial Relations, London：Business Books, 1968, viii, 214p.
S. Pollard, The Development of the British Economy, 1914-1967, 2nd ed., London：Arnold, 1969, ix, 518p.

さらなる学修のための推薦文献
　本書を利用しながら学修を進める中で，さらに学びを深める文献としてふさわしいものを以下に列挙しておき
ます。初学者にとってだけでなく，学修が進んだ者にとっても有用なものであるので，折に触れて参考にするこ
とを強くおすすめします。

⑴　上野千鶴子（2018）『情報生産者になる』（ちくま新書）筑摩書房，381p
⑵　大久保研治［ほか］（2014）『これだけはおさえたい経済学：学びのガイダンス』実教出版，127p
⑶　切田節子［ほか］（2019）『Microsoft Office 2019を使った情報リテラシーの基礎』近代科学社，309p
⑷　戸田山和久（2012）『論文の教室：レポートから卒論まで』（NHKブックス）NHK出版，313p
⑸　立教大学大学教育開発・支援センター編（2016）『Master of Presentation』〈https://www.rikkyo.ac.jp/about/
　　activities/fd/cdshe.html〉（参照日2022年12月16日）
⑹　立教大学大学教育開発・支援センター編（2018）『Master of Writing』〈https://www.rikkyo.ac.jp/about/
　　activities/fd/cdshe.html〉（参照日2022年12月16日）
　　※　⑸・⑹はいずれもPDFで公開されています。

本書キーワード一覧

著作権使用にかかる許諾権者一覧

　本書の刊行にあたり，以下の団体または個人より著作物引用等の許諾を頂戴いたしました（一部Webページでの許諾条件を確認）。団体名と使用した著作物を一覧として掲載し，謝意を申し上げます。

1．Microsoft Corporate：Office 365サインイン，Outlook，Microsoft Officeスクリーンショット
2．株式会社ネットアドバンス：JAPAN Knowledge LIB検索画面，検索結果スクリーンショット
3．株式会社KADOKAWA：角川新類語辞典表紙，玩具項目部分の引用画像
4．学研プラス：学研ことば選び実用辞典表紙画像
5．ウェブリオ株式会社：Weblio類語辞典検索画面，結果画面スクリーンショット
6．国立情報学研究所：CiNii検索画面，検索結果画面スクリーンショット
7．国立国会図書館：NDL ONLINE検索画面，結果画面スクリーンショット
8．慶應義塾大学出版会：『シカゴ・スタイル研究論文執筆マニュアル』背部分画像
9．金融庁：EDINET　TOP画面スクリーン
10．株式会社プロネクサス：eol，eol Asia one　TOP画面スクリーンショット
11．日経メディアマーケティング株式会社：FinancialQUEST　TOP画面スクリーンショット
12．丸善雄松堂株式会社：J-DAC　通産政策史資料オンライン版　TOP画面スクリーンショット
13．朝日新聞社：朝日クロスサーチ　TOP画面スクリーンショット
14．読売新聞社：ヨミダス歴史館　TOP画面スクリーンショット
15．ウエストロー・ジャパン株式会社：Westlaw JAPAN　TOP画面スクリーンショット
16．丸善雄松堂株式会社：J-DAC RISA　TOP画面スクリーンショット
17．EBSCO Information Services Japan株式会社：EconLit　TOP画面スクリーンショット
18．クラリベイト・アナリティクス・ジャパン株式会社：Web of Science　TOP画面スクリーンショット
19．Google：GoogleアラートTOP，送信メール画面スクリーンショット
20．株式会社　杏林舎：校正記号表
21．立教大学大学教育開発・支援センター：『Master of Presentation』，『Master of Writing』
22．ACワークス株式会社：グラフイラスト

　なお，詳細な出典については，当該スクリーンショット等の掲載ページをご確認ください。

著者紹介

渡辺志津子（わたなべ　しづこ）

学　　　歴	国立大学図書館情報大学情報メディア研究科博士前期課程修了　修士（図書館情報学）
経　　　歴	国立大学法人埼玉大学大学院人文社会科学研究科（経済系）助教
研 究 分 野	図書館情報学
研究テーマ	図書館員の労働問題について
著　　　書	『アカデミック・スキルズ実践テキスト』皆美社，2020年

劉　　博（りゅう　はく）

学　　　歴	国立大学法人埼玉大学経済学部卒業 国立大学法人埼玉大学大学院経済科学研究科博士前期・後期課程修了　博士（経済学）
経　　　歴	川口短期大学ビジネス実務学科　教授 国立大学法人埼玉大学経済学部　非常勤講師
研 究 分 野	財務管理論，経営分析論
研究テーマ	環境関連財務・非財務情報の統合分析
著　　　書	『財務・非財務情報の統合分析—日本鉄鋼業の環境対策に関する実証研究—』（川口短期大学研究叢書第2巻）泉文堂，2020年

深水　浩司（ふかみ　こうじ）

学　　　歴	国立大学埼玉大学大学院文化科学研究科修士課程修了　修士（文化科学） 国立大学法人筑波大学情報メディア研究科博士後期課程単位取得退学
経　　　歴	大妻女子大学教職総合支援センター（多摩校）常勤特任教授
研 究 分 野	図書館情報学，情報システム，情報学
研究テーマ	情報通信技術を用いた図書館における利用者行動分析
著　　　書	『アカデミック・スキルズ実践テキスト』皆美社，2020年 『インターネットに広がる情報の世界—Web 2.0を知り利用する』全国保険医団体連合会，2008年 『初級システムアドミニストレータ試験　シスアドテキスト四訂版』（共著）一橋出版，2000年

経済情報リテラシー

2023年5月15日　　初版第1刷発行

著　　者	渡辺志津子
	劉　　博
	深水　浩司
発 行 者	大坪　克行
発 行 所	株式会社　泉　文　堂

〒161-0033　東京都新宿区下落合1-2-16
電話 03-3951-9610　FAX 03-3951-6830

| 印 刷 所 | 有限会社 山吹印刷所 |
| 製 本 所 | 牧製本印刷株式会社 |

ISBN 978-4-7930-0474-2　C3004